Chinese Wc Puzzles

(HSK Level-1)

趣味中文找字游戏

　　海外中文学习关键在于识字和阅读。识字需要大量反复；阅读需要准确分词和并能够跳过目前不认识的字词。 欧美学生所非常熟悉的找字游戏为识字和阅读训练提供一个很好的工具。本书根据中文阅读的特点，所有字词从左往右，设计了 100 多个字谜游戏，反复训练，让学生可以从文字材料中迅速找到和复习已经学过的字词。本书覆盖了汉语水平考试 (HSK-1) 的所有字词。也可以作为所有同等水平的中文教材的辅助教材。

　　Reading is the most important part of learning a language. Scanning, Skimming and identifying known words are essential reading skills. The word seek puzzles are specifically designed to acquire those skills in an efficient way.

♦ Puzzles in both Chinese and Pinyin
♦ Words are placed from left to right only.
♦ Focus on identifying words
♦ Training to skip unknown words
♦ This book is for Hanyu Shuiping Kaoshi Level 1 (HSK-1)

P&Learn Press LLC www.p-and-learn.com

Chinese Word Seek Puzzles (HSK Level 1)

ISBN 978-1499290639

First Published 2014 by
Quyin Fan

Printed in U.S.A

---------------------   **P & LEARN Press Chinese Word Seek Puzzles Collections**   ------------------

Chinese Word Seek Puzzles (YCT Level 1)

Chinese Word Seek Puzzles (YCT Level 2)

Chinese Word Seek Puzzles (YCT Level 3)

Chinese Word Seek Puzzles (YCT Level 4)

Chinese Word Seek Puzzles (HSK Level 1)

Chinese Word Seek Puzzles (HSK Level 2)

Chinese Word Seek Puzzles (HSK Level 3)

Chinese Word Seek Puzzles (HSK Level 4)

Chinese Word Seek Puzzles (200 Most Frequent Words)

P&Learn Press LLC www.p-and-learn.com

中文找字游戏 (1)

Person and people

先生 (Mr.)   人   (man)

学生 (student)   同学 (classmate)

儿子 (son)   爸爸 (dad; father)

朋友 (friend)   医生 (doctor)

妈妈 (mom;mother)   女儿 (daughter)

老师 (teacher)   小姐 (Miss)

◆ ◆ ◆ ◆ ◆ ◆ ◆ ◆ ◆ ◆ ◆ ◆ ◆ ◆

可	本	天	大	小	姐	个
老	师	地	还	开	妈	妈
儿	子	分	同	学	先	生
爸	爸	想	主	学	生	了
定	医	生	女	儿	这	人
对	生	现	进	于	都	么
朋	友	国	后	着	方	都

中文找字游戏 (2)
Person and people

小姐 (xiǎojiě)   儿子 (érzi)

人 (rén)   老师 (lǎoshī)

学生 (xuésheng)   先生 (xiānsheng)

爸爸 (bàba)   女儿 (nǚér)

同学 (tóngxué)   医生 (yīshēng)

妈妈 (māma)   朋友 (péngyou)

◆ ◆ ◆ ◆ ◆ ◆ ◆ ◆ ◆ ◆ ◆ ◆ ◆

了 儿 子 同 学 心 定
妈 妈 定 定 医 生 去
会 行 分 朋 友 想 个
的 用 她 那 出 女 儿
他 出 小 姐 部 老 师
着 么 成 出 学 生 法
中 先 生 动 人 爸 爸

中文找字游戏 (3)

Person and people

爸爸 (bàba)   女儿 (nǚ ér)

朋友 (péngyou)   学生 (xué sheng)

先生 (xiānsheng)   小姐 (xiǎojiě)

老师 (lǎoshī)   同学 (tóngxué)

妈妈 (māma)   儿子 (érzi)

人 (rén)   医生 (yīshēng)

◆ ◆ ◆ ◆ ◆ ◆ ◆ ◆ ◆ ◆ ◆

```
r ě í x ī r é n l v q
t à y ī s h ē n g q p
x u é s h e n g x q q
ù ǎ ā x i ǎ o j i ě ǒ
ū i è ì m ā m a e p s
b o p é n g y o u ǎ ē
x i ā n s h e n g à ō
d ū p x ü l ǎ o s h ī
ō ì k p ù y ǒ t s ú ě
o t s é r z i b à b a
n ǚ é r t ó n g x u é
```

中文找字游戏 (4)

Date and Time related

月 (month)　　　　下午 (afternoon)

日 (sun, day, date)　　明天 (tomorrow)

年 (year)　　　　中午 (noon; midday)

昨天 (yesterday)　　星期 (week)

上午 (morning)　　现在 (now)

时候 (time; when)　　今天 (today)

◆ ◆ ◆ ◆ ◆ ◆ ◆ ◆ ◆ ◆ ◆ ◆ ◆ ◆ ◆ ◆

个 日 人 现 在 实 年
也 中 午 对 就 今 天
家 昨 天 作 得 星 期
下 午 定 你 你 同 因
个 明 天 时 候 心 面
也 的 大 小 我 月 说
面 都 了 可 上 午 以

4

中文找字游戏 (5)
Date and Time related

星期 (week)   中午 (noon; midday)

时候 (time; when)   下午 (afternoon)

年 (year)   月 (month)

日 (sun, day, date)   上午 (morning)

点 (dot, point)   昨天 (yesterday)

现在 (now)   分钟 (minute)

· ·

还	了	中	午	想	昨	天
上	午	时	候	出	本	用
没	点	开	没	现	在	经
日	他	从	子	下	午	事
前	中	如	而	成	开	年
下	其	个	分	钟	月	同
国	星	期	所	小	然	里

中文找字游戏 (6)

Date and Time related

星期 (xīngqī)　　　　现在 (xiànzài)

分钟 (fēnzhōng)　　　今天 (jīntiān)

年　(nián)　　　　　时候 (shíhou)

日　(rì)　　　　　　昨天 (zuótiān)

中午 (zhōngwǔ)　　　下午 (xiàwǔ)

上午 (shàngwǔ)　　　月　(yuè)

◆ ◆ ◆ ◆ ◆ ◆ ◆ ◆ ◆ ◆ ◆

下 午 事 然 主 分 钟
但 现 在 本 样 昨 天
下 其 前 多 和 部 月
到 我 日 上 午 他 心
自 也 她 些 中 午 前
年 时 候 只 今 天 面
出 星 期 因 一 一 过

中文找字游戏 (7)

Date and Time related

月	(yuè)	点	(diǎn)
年	(nián)	中午	(zhōngwǔ)
时候	(shíhou)	昨天	(zuótiān)
明天	(míngtiān)	今天	(jīntiān)
日	(rì)	星期	(xīngqī)
分钟	(fēnzhōng)	上午	(shàngwǔ)

◆ ◆ ◆ ◆ ◆ ◆ ◆ ◆ ◆ ◆ ◆ ◆ ◆ ◆

年 今 天 个 月 星 期
时 候 到 一 上 午 小
所 点 来 来 昨 天 一
于 人 日 经 现 后 因
前 起 样 中 午 一 然
其 自 于 后 明 天 可
人 而 分 钟 可 动 就

7

Date and Time related

分钟 (fēnzhōng)　　上午 (shàngwǔ)

年 (nián)　　星期 (xīngqī)

点 (diǎn)　　现在 (xiànzài)

中午 (zhōngwǔ)　　时候 (shíhou)

下午 (xiàwǔ)　　月 (yuè)

昨天 (zuótiān)

◆ ◆ ◆ ◆ ◆ ◆ ◆ ◆ ◆ ◆ ◆ ◆ ◆ ◆ ◆

```
ì  ā  c  x  i  à  n  z  à  i  ì  ì
ě  b  a  ě  ī  k  í  y  u  è  v
i  z  x  ī  n  g  q  ī  l  c  w
m  ì  ǔ  ī  x  i  à  w  ǔ  z  ò
w  d  i  ǎ  n  è  ū  ō  á  á  e
é  ē  s  h  à  n  g  w  ǔ  d  ǐ
d  ǔ  z  u  ó  t  i  ā  n  ǎ  s
n  z  h  ō  n  g  w  ǔ  ā  ǐ  h
f  ē  n  z  h  ō  n  g  z  ǔ  ō
ī  ú  á  a  d  ù  n  i  á  n  ò
x  ú  s  h  í  h  o  u  k  s  j
```

中文找字游戏 (9)

Date and Time related

下午 (xiàwǔ) 日 (rì)

时候 (shíhou) 月 (yuè)

昨天 (zuótiān) 现在 (xiànzài)

年 (nián) 分钟 (fēnzhōng)

中午 (zhōngwǔ) 点 (diǎn)

明天 (míngtiān) 星期 (xīngqī)

◆ ◆ ◆ ◆ ◆ ◆ ◆ ◆ ◆ ◆ ◆ ◆ ◆

```
p v í ì x i à w ǔ p e
ù á f ē n z h ō n g á
ǐ m z è r ì ī ó v ě a
c x i à n z à i r m ē
è f k ǔ ü j ó d i ǎ n
é m ü m í n g t i ā n
i m r ù n i á n ā i h
d y u è u s h í h o u
ū m ǔ x ī n g q ī ǔ j
ù à z h ō n g w ǔ z ū
r z u ó t i ā n d n ō
```

9

中文找字游戏 (10)

Things

杯子 (cup; glass)　　衣服 (clothes)

飞机 (aircraft)　　椅子 (chair)

桌子 (table; desk)　　电视 (television)

电影 (film; movie)　　出租车 (taxi)

电脑 (computer)

◆　◆　◆　◆　◆　◆　◆　◆　◆　◆　◆　◆

前	就	椅	子	自	实	没
样	有	到	好	电	影	同
用	桌	子	实	后	飞	机
衣	服	杯	子	出	就	要
事	同	电	脑	小	可	动
在	于	也	出	租	车	那
发	分	电	视	实	所	从

中文找字游戏 (11)

Things

出租车 (chūzūchē)　　电影 (diànyǐng)

电脑 (diànnǎo)　　杯子 (bēizi)

衣服 (yīfu)　　飞机 (fēijī)

桌子 (zhuōzi)　　电视 (diànshì)

椅子 (yǐzi)

◆ ◆ ◆ ◆ ◆ ◆ ◆ ◆ ◆ ◆ ◆ ◆ ◆ ◆ ◆ ◆ ◆

生 从 面 说 发 电 脑

样 实 不 主 当 那 动

他 种 杯 子 桌 子 后

电 影 衣 服 到 前 着

下 都 电 视 成 方 就

只 椅 子 飞 机 进 如

部 本 因 于 出 租 车

中文找字游戏 (12)

Things

衣服 (yī fu)   出租车 (chū zū chē)

椅子 (yǐ zi)   电影 (diàn yǐng)

桌子 (zhuō zi)   电脑 (diàn nǎo)

飞机 (fēi jī)   杯子 (bēi zi)

电视 (diàn shì)

❖ ❖ ❖ ❖ ❖ ❖ ❖ ❖ ❖ ❖ ❖ ❖ ❖

```
ü h f ē i j ī h ē ú ǒ
ù b ē i z i ü m f l p
é h c h ū z ū c h ē r
r b ǔ ù d i à n n ǎ o
ī z ǐ ū ó q d è ù ō a
x ǘ m o e ì y ǐ z i ō
ō p v d i à n s h ì ù
è ū ō q ù i s v ì è b
ǐ ǒ é ǘ x y ī f u ì ù
ü h d i à n y ǐ n g à
k z h u ō z i a ù ǘ l
```

中文找字游戏 (13)

Numbers

九	(nine)	一	(one)
四	(four)	零	(zero, 0)
五	(five)	二	(two)
七	(seven)	八	(eight)
六	(six)	三	(three)
十	(ten)		

◆ ◆ ◆ ◆ ◆ ◆ ◆ ◆ ◆ ◆ ◆ ◆ ◆ ◆ ◆

九	就	在	然	现	道	零
自	六	过	定	实	会	方
对	四	这	十	用	定	三
有	进	可	着	八	了	成
们	她	中	起	能	七	小
二	能	我	本	开	五	只
时	一	还	了	但	天	道

中文找字游戏 (14)

Numbers

二 (èr)
八 (bā)
七 (qī)
一 (yī)
四 (sì)
六 (liù)

三 (sān)
九 (jiǔ)
十 (shí)
零 (líng)
五 (wǔ)

◆ ◆ ◆ ◆ ◆ ◆ ◆ ◆ ◆ ◆ ◆ ◆ ◆ ◆

个	地	多	没	我	过	然
八	说	到	五	本	只	然
九	学	上	事	面	这	当
之	来	要	还	十	会	一
零	定	时	会	里	说	出
学	行	天	七	下	二	人
法	有	事	三	四	六	时

中文找字游戏 (15)

Numbers

零	(l í ng)		九	(ji ǔ)
八	(b ā)		十	(sh í)
五	(w ǔ)		七	(q ī)
一	(y ī)		二	(è r)
六	(li ù)		三	(s ā n)
四	(s ì)			

◆ ◆ ◆ ◆ ◆ ◆ ◆ ◆ ◆ ◆ ◆ ◆ ◆ ◆ ◆

```
o  i  ē  s  ā  n  x  ò  j  è  l
ù  ǎ  é  s  ì  s  ǒ  ō  ǒ  i  z
ě  è  á  ù  r  m  y  m  è  r  ǎ
à  u  j  ǜ  n  ǜ  ù  q  ī  é  ǎ
á  z  j  ǒ  u  y  ē  ì  è  l  a
s  ü  ū  ū  f  g  e  l  í  n  g
g  ū  e  u  p  s  y  ī  r  è  b
s  h  í  u  ǜ  f  d  l  i  ù  ü
x  j  i  ǔ  ǐ  ē  ò  ǐ  w  h  v
ǔ  ù  o  x  w  ǔ  p  á  z  p  u
q  h  ú  ī  y  y  b  ā  c  ǔ  ǎ
```

15

中文找字游戏 (16)

Pronouns

这 (this)　　　　这儿 (here)

我们 (we; us; our)　谁 (who)

你 (you)　　　　他 (he)

我 (I)　　　　　怎么样 (how)

怎么 (how)　　　什么 (what)

那儿 (there)　　　她 (she)

◆ ◆ ◆ ◆ ◆ ◆ ◆ ◆ ◆ ◆ ◆ ◆ ◆ ◆ ◆ ◆ ◆

能 部 他 怎 么 样 去

们 发 当 经 她 之 多

用 怎 么 你 是 来 和

因 们 谁 什 么 能 经

这 有 上 也 理 只 在

有 那 儿 我 们 面 我

大 这 儿 会 子 国 看

中文找字游戏 (17)

Pronouns

我 (I)　　　　她 (she)

多少 (how many)　　我们 (we; us; our)

哪儿 (where)　　　怎么 (how)

那 (that)　　　　这儿 (here)

他 (he)　　　　　怎么样 (how)

哪 (which)　　　　这 (this)

◆　◆　◆　◆　◆　◆　◆　◆　◆　◆　◆　◆

得	而	道	她	要	年	前
因	他	这	儿	说	我	成
多	少	下	你	还	那	能
我	们	天	成	说	家	当
然	小	的	怎	么	哪	儿
没	怎	么	样	这	里	开
之	得	好	国	本	以	哪

中文找字游戏 （18）

Pronouns

我　　(wǒ)　　　　多少 (duō shao)

这儿 (zhèr)　　　　怎么样 (zěnmeyàng)

她　　(tā)　　　　　哪儿 (nǎr)

那　　(nà)　　　　　我们 (wǒmen)

哪　　(nǎ)　　　　　谁　　(shéi)

这　　(zhè)　　　　什么 (shénme)

◆ ◆ ◆ ◆ ◆ ◆ ◆ ◆ ◆ ◆ ◆ ◆ ◆ ◆ ◆ ◆ ◆

不	里	没	地	那	也	我
起	而	没	我	们	所	着
说	看	其	没	多	少	中
怎	么	样	谁	哪	得	开
她	时	哪	儿	要	只	去
分	只	这	儿	什	么	学
有	里	时	以	这	下	么

中文找字游戏 (19)

Pronouns

我们 (wǒ men)   什么 (shé nme)

哪儿 (nǎ r)   谁 (shé i)

你 (nǐ)   这 (zhè)

他 (tā)   怎么样 (zěnmeyàng)

怎么 (zěnme)   她 (tā)

那儿 (nàr)   哪 (nǎ)

• •

个	方	然	地	人	发	而
样	这	定	哪	儿	要	她
下	怎	么	样	你	来	得
如	作	没	自	个	哪	不
年	他	什	么	的	我	们
里	上	中	些	小	好	谁
成	中	对	怎	么	那	儿

中文找字游戏 (20)

Pronouns

这 (zhè) 哪 (nǎ)

怎么 (zěnme) 怎么样 (zěnmeyàng)

这儿 (zhèr) 谁 (shéi)

那 (nà) 我们 (wǒmen)

什么 (shénme) 她 (tā)

你 (nǐ) 哪儿 (nǎr)

◆ ◆ ◆ ◆ ◆ ◆ ◆ ◆ ◆ ◆ ◆ ◆ ◆

z ě n m e y à n g g ǎ
ū ǎ n ǐ t z h è ā h b
ū ò ě w ǒ m e n ǎ y ū
ǐ s y n à é h n ó l ū
f ǔ m a e z ě n m e s
ě ù á ǐ à f í z h è r
b b s h é n m e à u ū
ǔ g d k y z v u í v f
ū z t ā ù p ō f ù g à
ò í n ǎ r s s l q ī ǒ
ǔ s h é i s ì ě ù ú j

Pronouns

那	(nà)	我们	(wǒ men)
我	(wǒ)	他	(tā)
那儿	(nàr)	这	(zhè)
哪儿	(nǎr)	怎么	(zěnme)
谁	(shéi)	多少	(duō shao)
哪	(nǎ)		

◆ ◆ ◆ ◆ ◆ ◆ ◆ ◆ ◆ ◆ ◆ ◆ ◆ ◆

```
e  l  á  ē  y  ē  z  h  è  w  ǒ
z  ě  n  m  e  t  ǔ  j  m  m  ě
t  ā  k  ǔ  v  n  à  r  ü  ū  è
á  ǔ  o  ǎ  u  ǎ  i  d  e  è  j
j  ù  w  ǒ  m  e  n  ù  o  n  à
b  ū  b  d  u  ō  s  h  a  o  ǐ
ǔ  z  t  ú  ì  i  l  n  ǎ  r  e
x  ī  ì  ǔ  ū  á  z  ǎ  ó  ò  u
ū  ū  o  s  h  é  i  a  ò  q  g
ù  z  t  ū  ú  ǔ  h  h  ó  c  o
u  l  n  ǎ  é  n  ó  ē  í  à  j
```

中文找字游戏 (22)
Actions

说话(talk)　　　　住　　(live)
来　　(come)　　　学习(study)
睡觉(sleep)　　　去　　(go)
坐　　(sit)　　　　看见(to see)
做　　(make)　　　买　　(buy)
写　　(write)　　　听　　(listen)

◆ ◆ ◆ ◆ ◆ ◆ ◆ ◆ ◆ ◆ ◆ ◆ ◆ ◆ ◆

经	到	面	一	当	就	之
听	同	到	来	说	话	发
法	后	她	做	学	习	能
买	些	说	法	写	年	下
过	坐	她	去	是	们	行
法	年	现	本	道	他	你
开	看	见	睡	觉	住	于

中文找字游戏 (23)

Actions

叫	(call)	喝	(drink)
住	(live)	工作	(work; job)
读	(read)	做	(make)
打电话	(make phone call)	吃	(eat)
坐	(sit)	学习	(study)
回	(return)	开	(open)

• • • • • • • • • • • • • • • • • • • •

开 吃 就 定 说 她 喝
个 但 打 电 话 时 的
工 作 我 做 子 法 只
坐 叫 所 当 事 这 当
不 是 事 学 习 住 于
她 但 们 在 国 作 用
自 着 读 同 回 自 这

中文找字游戏 (24)

Actions

工作 (gōngzuò)　　买　(mǎi)

住　(zhù)　　　去　(qù)

听　(tīng)　　　开　(kāi)

喝　(hē)　　　　读　(dú)

看见 (kànjiàn)　　写　(xiě)

来　(lái)　　　　吃　(chī)

◆　◆　◆　◆　◆　◆　◆　◆　◆　◆　◆　◆　◆　◆

能　也　如　种　出　能　天

作　也　起　工　作　心　为

生　部　来　住　国　如　如

起　小　自　个　从　喝　部

买　进　听　写　我　种　读

出　时　其　法　事　吃　但

天　看　见　去　定　开　本

24

中文找字游戏 (25)

Actions

来 (lái)		坐 (zuò)	
回 (huí)		说话 (shuō huà)	
学习 (xué xí)		睡觉 (shuì jiào)	
吃 (chī)		写 (xiě)	
喝 (hē)		叫 (jiào)	
打电话 (dǎ diàn huà)		做 (zuò)	

• • • • • • • • • • • • • • • •

经 没 了 有 经 道 成
去 后 大 到 吃 学 习
来 小 但 喝 回 当 同
道 没 方 于 着 而 坐
种 到 做 写 而 自 我
在 地 为 说 话 睡 觉
成 打 电 话 叫 可 地

中文找字游戏 (26)

Actions

打电话 (dǎ diànhuà)　　开　　(kāi)

买　 (mǎi)　　工作 (gōngzuò)

叫　 (jiào)　　写　 (xiě)

看见 (kànjiàn)　　来　 (lái)

住　 (zhù)　　做　 (zuò)

读　 (dú)

◆ ◆ ◆ ◆ ◆ ◆ ◆ ◆ ◆ ◆ ◆ ◆ ◆ ◆ ◆

b　h　v　ù　ì　d　ú　ě　q　í　m

l　c　z　k　f　c　ō　ā　ū　á　r

j　ě　d　dǎ　d　i　à　n　h　u　à

ā　ó　è　ě　ī　ē　o　ǐ　k　ǘ　ǜ

u　d　ǒ　n　d　z　h　ù　ù　ó　ī

ū　í　ǐ　k　à　n　j　i　à　n　n

ǔ　ū　g　ō　n　g　z　u　ò　m　ū

t　t　x　à　ǐ　o　ū　j　i　à　o

x　p　ē　ē　k　p　k　ā　i　ú　ǐ

ü　ò　i　z　x　i　ě　l　á　i　ǔ

ú　m　k　ǘ　s　r　í　ū　mǎ　i

中文找字游戏 (27)

Actions

写 (xiě)　　　喝 (hē)

吃 (chī)　　　住 (zhù)

开 (kāi)　　　去 (qù)

说话 (shuōhuà)　　听 (tīng)

回 (huí)　　　睡觉 (shuìjiào)

读 (dú)　　　学习 (xuéxí)

◆ ◆ ◆ ◆ ◆ ◆ ◆ ◆ ◆ ◆ ◆ ◆ ◆

```
e n ü i z è ū ǒ r m m
p ō í ū í ú x u é x í
s h u ì j i à o x i ě
f i o h ù ù h z h ù x
l ī ù ǎ j k ā i h ē s
o ē u i ì ò ě m h u í
g ǔ ò y f ǎ g ē x m ē
l n t ī n g c ǒ o í j
f ü s h u ō h u à w h
q ù e ù d ā í ū à w t
d c h ī ě h d ú n h w
```

Other verbs

再见 (good-bye)　　喜欢 (like)

谢谢 (thank)　　想　 (think)

对不起 (sorry)　　有　 (have)

请　 (please)　　是　 (be)

认识 (recognize)　　能　 (can)

没关系 (never mind)　　会　 (can)

◆ ◆ ◆ ◆ ◆ ◆ ◆ ◆ ◆ ◆ ◆ ◆ ◆ ◆ ◆ ◆

没	关	系	当	因	分	的
生	自	认	识	有	会	也
现	喜	欢	之	一	能	动
是	大	小	里	都	请	行
后	再	见	法	不	些	同
对	不	起	地	就	到	现
法	想	样	去	谢	谢	经

Other verbs

是　(be)　　　　　　认识 (recognize)
谢谢 (thank)　　　　喜欢 (like)
没关系 (never mind)　请　(please)
有　(have)　　　　　爱　(love)
能　(can)　　　　　想　(think)
再见 (good-bye)　　 不客气 (never mind)

◆ ◆ ◆ ◆ ◆ ◆ ◆ ◆ ◆ ◆ ◆ ◆ ◆ ◆ ◆

些	来	认	识	想	事	了
定	成	能	成	发	的	前
小	好	下	然	不	客	气
些	都	定	实	不	上	是
没	关	系	下	有	心	起
去	谢	谢	对	同	时	爱
说	再	见	喜	欢	请	了

中文找字游戏 (30)

Other verbs

有 (yǒu)　　　　想 (xiǎng)

请 (qǐng)　　　　没关系 (méiguānxi)

不客气 (búkèqi)　　对不起 (duìbuqǐ)

是 (shì)　　　　爱 (ài)

喜欢 (xǐhuān)　　认识 (rènshi)

能 (néng)　　　　谢谢 (xièxie)

◆　◆　◆　◆　◆　◆　◆　◆　◆　◆　◆

请	有	天	分	动	到	爱
没	实	没	关	系	能	会
对	了	他	然	上	是	事
想	认	识	定	看	小	一
谢	谢	以	起	么	着	从
然	喜	欢	然	可	家	成
不	客	气	方	对	不	起

中文找字游戏 (31)

Other verbs

爱 (ài)　　　　认识 (rènshi)
谢谢 (xièxie)　　没关系 (méiguānxi)
有 (yǒu)　　　想 (xiǎng)
会 (huì)　　　能 (néng)
喜欢 (xǐhuān)　不客气 (búkèqi)
是 (shì)　　　再见 (zàijiàn)

◆◆◆◆◆◆◆◆◆◆◆◆◆◆

爱	再	见	认	识	实	而
来	同	说	着	们	喜	欢
样	同	谢	谢	了	想	们
可	没	关	系	年	了	所
对	那	其	子	有	为	事
所	如	不	客	气	年	经
些	能	是	得	了	她	会

中文找字游戏 (32)

Other verbs

认识 (rènshi)　　爱 (ài)

能 (néng)　　谢谢 (xièxie)

想 (xiǎng)　　喜欢 (xǐhuān)

再见 (zàijiàn)　　不客气 (búkèqi)

有 (yǒu)　　请 (qǐng)

对不起 (duìbuqǐ)　　是 (shì)

◆ ◆ ◆ ◆ ◆ ◆ ◆ ◆ ◆ ◆ ◆ ◆ ◆ ◆ ◆

```
c ò u í j ǒ é b s h ì
i ǔ d ú y ǒ u b ě ǔ f
z ě q r x i ǎ n g t é
l x ǐ h u ā n ǎ à i à
q ǐ n g ē b ú k è q i
e b v ǒ b ǐ ò x ǒ b ǒ
n é n g q t ā ǔ à h k
d u ì b u q ǐ ù y h g
ü s ǎ r è n s h i ǔ n
ó ó x i è x i e é ě e
o á t z à i j i à n c
```

32

中文找字游戏 (33)

Other verbs

谢谢 (xièxie)   能 (néng)

有 (yǒu)   爱 (ài)

再见 (zàijiàn)   没关系 (méiguānxi)

请 (qǐng)   会 (huì)

是 (shì)   喜欢 (xǐhuān)

对不起 (duìbuqǐ)   认识 (rènshi)

◆ ◆ ◆ ◆ ◆ ◆ ◆ ◆ ◆ ◆ ◆ ◆ ◆ ◆ ◆ ◆

```
ū d ó b ǔ í q ǐ n g o
u w á ü y ǒ u a x k y
x ǐ h u ā n a a ǎ u ě
ā ǎ à p s h ì x r s v
ō e r è n s h i ù ò h
ǔ ú l r z à i j i à n
a e ű ě x i è x i e b
x e à n é n g à i h l
ú u í ī à ò r h u ì e
v ú i d u ì b u q ǐ h
ó v m é i g u ā n x i
```

中文找字游戏 (34)

Words and phrases

中午 (noon; midday)　　椅子 (chair)

中国 (China)　　医院 (hospital)

怎么 (how)　　这儿 (here)

怎么样 (how)　　再见 (good-bye)

衣服 (clothes)　　昨天 (yesterday)

医生 (doctor)　　桌子 (table; desk)

◆ ◆ ◆ ◆ ◆ ◆ ◆ ◆ ◆ ◆ ◆ ◆ ◆ ◆

其 只 衣 服 作 天 生
定 昨 天 中 国 可 时
也 也 医 生 学 再 见
子 中 午 本 她 发 生
对 这 儿 那 怎 么 他
我 的 怎 么 样 椅 子
想 桌 子 在 发 医 院

34

中文找字游戏 (35)

Words and phrases

喜欢 (like)　　　　我们 (we; us; our)

学校 (school)　　　谢谢 (thank)

现在 (now)　　　　星期 (week)

学生 (student)　　　小姐 (Miss)

先生 (Mr.)　　　　下雨 (to rain)

学习 (study)　　　　下午 (afternoon)

◆ ◆ ◆ ◆ ◆ ◆ ◆ ◆ ◆ ◆ ◆ ◆ ◆ ◆ ◆

先 生 谢 谢 可 现 天

过 前 去 面 后 那 国

喜 欢 星 期 有 我 们

在 小 小 姐 于 学 校

学 生 现 在 同 和 分

经 是 下 午 为 下 雨

样 有 些 学 习 是 去

Words and phrases

漂亮 (pretty)　　　苹果 (apple)

上午 (morning)　　什么 (what)

商店 (shop; store)　说话 (talk)

前面 (ahead)　　　天气 (weather)

同学 (classmate)　睡觉 (sleep)

认识 (recognize)　时候 (time; when)

◆　◆　◆　◆　◆　◆　◆　◆　◆　◆　◆　◆

说	话	同	漂	亮	睡	觉
前	有	当	从	商	店	些
出	想	从	上	同	学	因
经	些	上	午	进	时	候
对	从	天	气	了	你	想
什	么	着	么	去	苹	果
认	识	起	前	面	前	当

Words and phrases

看见 (to see)　　　哪儿 (where)

那儿 (there)　　　明天 (tomorrow)

今天 (today)　　　妈妈 (mom;mother)

朋友 (friend)　　　女儿 (daughter)

老师 (teacher)　　　米饭 (cooked rice)

没关系 (never mind)　　　名字 (name)

◆ ◆ ◆ ◆ ◆ ◆ ◆ ◆ ◆ ◆ ◆ ◆ ◆ ◆ ◆ ◆

事	得	哪	儿	年	看	她
一	时	看	没	关	系	子
老	师	会	自	行	看	见
行	里	然	名	字	女	儿
明	天	朋	友	自	米	饭
今	天	那	儿	家	妈	妈
进	么	年	其	行	部	说

中文找字游戏 (38)

Words and phrases

高兴 (happy)　　　飞机 (aircraft)

对不起 (sorry)　　电影 (film; movie)

工作 (work; job)　东西 (thing)

分钟 (minute)　　火车站 (train station)

汉语 (Chinese)　　饭馆 (restaurant)

多少 (how many)　儿子 (son)

◆ ◆ ◆ ◆ ◆ ◆ ◆ ◆ ◆ ◆ ◆ ◆ ◆ ◆ ◆

对 不 起 小 高 兴 生

有 自 其 上 上 天 自

工 作 行 小 多 少 而

就 飞 机 有 分 钟 说

东 西 但 理 电 影 那

饭 馆 是 火 车 站 到

儿 子 他 样 后 汉 语

中文找字游戏 (39)

Words and phrases

出租车 (taxi) 电脑 (computer)

北京 (Beijing) 汉语 (Chinese)

电视 (television) 不客气 (never mind)

爸爸 (dad; father) 打电话 (make phone call)

工作 (work; job) 高兴 (happy)

火车站 (train station) 杯子 (cup; glass)

◆ ◆ ◆ ◆ ◆ ◆ ◆ ◆ ◆ ◆ ◆ ◆ ◆ ◆ ◆ ◆ ◆ ◆

大 出 租 车 为 电 视
然 不 客 气 火 车 站
北 京 和 起 还 爸 爸
然 但 来 高 兴 工 作
如 杯 子 打 电 话 子
到 大 来 就 事 自 还
没 些 汉 语 出 电 脑

中文找字游戏 (40)

Words and phrases

学习 (xué xí)　　　　星期 (xīngqī)

火车站 (huǒ chē zhàn)　　小姐 (xiǎojiě)

谢谢 (xiè xie)　　　　朋友 (péngyou)

怎么样 (zěnmeyàng)　　时候 (shíhou)

对不起 (duì buqǐ)　　　电视 (diànshì)

商店 (shāngdiàn)　　　名字 (míngzi)

◆ ◆ ◆ ◆ ◆ ◆ ◆ ◆ ◆ ◆ ◆ ◆ ◆ ◆ ◆

只	分	火	车	站	时	候
经	动	电	视	对	不	起
怎	么	样	名	字	没	定
但	学	习	进	作	谢	谢
看	大	下	而	朋	友	里
小	姐	过	到	商	店	上
经	星	期	来	大	本	好

Words and phrases

桌子 (zhuōzi)　　不客气 (búkèqi)

下雨 (xiàyǔ)　　爸爸 (bàba)

电脑 (diànnǎo)　　什么 (shénme)

前面 (qiánmian)　　现在 (xiànzài)

椅子 (yǐzi)　　喜欢 (xǐhuān)

睡觉 (shuìjiào)　　衣服 (yīfu)

◆ ◆ ◆ ◆ ◆ ◆ ◆ ◆ ◆ ◆ ◆ ◆ ◆ ◆ ◆

么	说	睡	觉	着	来	理
们	桌	子	行	但	前	面
子	椅	子	在	方	喜	欢
电	脑	出	爸	爸	发	要
这	行	一	定	主	想	于
什	么	下	雨	现	在	地
就	衣	服	不	客	气	你

中文找字游戏 （42）

Words and phrases

儿子 (érzi)　　　　　　再见 (zàijiàn)

哪儿 (nǎr)　　　　　　高兴 (gāoxìng)

电影 (diànyǐng)　　　　上午 (shàngwǔ)

东西 (dōngxi)　　　　　学生 (xuésheng)

先生 (xiānsheng)　　　女儿 (nǚér)

同学 (tóngxué)　　　　昨天 (zuótiān)

◆　◆　◆　◆　◆　◆　◆　◆　◆　◆　◆　◆　◆

因	电	影	经	同	学	动
这	再	见	而	对	先	生
高	兴	东	西	本	大	下
实	上	午	法	心	只	里
学	所	女	儿	哪	儿	然
儿	子	前	因	学	生	事
昨	天	下	当	上	个	以

Words and phrases

米饭(mǐfàn)　　　认识(rènshi)

打电话(dǎdiànhuà)　中国(Zhōngguó)

下午(xiàwǔ)　　　那儿(nàr)

妈妈(māma)　　　飞机(fēijī)

医生(yīshēng)　　杯子(bēizi)

医院(yīyuàn)　　　怎么(zěnme)

◆ ◆ ◆ ◆ ◆ ◆ ◆ ◆ ◆ ◆ ◆ ◆ ◆ ◆ ◆ ◆

年	主	那	儿	去	妈	妈
米	饭	动	自	之	怎	么
后	中	国	认	识	也	前
得	自	飞	机	子	因	面
下	午	因	自	动	医	院
本	的	后	医	生	你	的
打	电	话	部	杯	子	所

中文找字游戏 (44)

Words and phrases

多少 (duō shao)　　北京 (Běijīng)

出租车 (chūzūchē)　　我们 (wǒmen)

天气 (tiānqì)　　漂亮 (piàoliang)

饭馆 (fànguǎn)　　没关系 (méiguānxi)

分钟 (fēnzhōng)　　今天 (jīntiān)

中午 (zhōngwǔ)　　老师 (lǎoshī)

◆ ◆ ◆ ◆ ◆ ◆ ◆ ◆ ◆ ◆ ◆ ◆

也 当 天 气 漂 亮 不
要 这 他 中 午 些 定
起 出 一 我 们 为 本
家 实 而 自 成 分 钟
出 租 车 的 北 京 事
老 师 对 今 天 多 少
饭 馆 国 地 没 关 系

中文找字游戏 (45)

Words and phrases

苹果 (píngguǒ)　　　看见 (kànjiàn)

汉语 (Hànyǔ)　　　学校 (xuéxiào)

饭馆 (fànguǎn)　　　明天 (míngtiān)

说话 (shuōhuà)　　　北京 (Běijīng)

漂亮 (piàoliang)　　　这儿 (zhèr)

没关系 (méiguānxi)　　　工作 (gōngzuò)

◆ ◆ ◆ ◆ ◆ ◆ ◆ ◆ ◆ ◆ ◆ ◆ ◆ ◆ ◆ ◆

主 些 如 汉 语 着 事

学 好 饭 馆 说 话 对

心 到 明 天 这 儿 种

北 京 现 部 苹 果 个

理 看 见 学 校 会 心

以 家 漂 亮 小 开 个

天 工 作 没 关 系 所

中文找字游戏 (46)

Words and phrases

怎么样 (zěnmeyàng)　　再见 (zàijiàn)

老师 (lǎoshī)　　对不起 (duìbuqǐ)

电脑 (diànnǎo)　　朋友 (péngyou)

分钟 (fēnzhōng)　　椅子 (yǐzi)

睡觉 (shuìjiào)　　火车站 (huǒchēzhàn)

现在 (xiànzài)　　上午 (shàngwǔ)

◆ ◆ ◆ ◆ ◆ ◆ ◆ ◆ ◆ ◆ ◆ ◆ ◆ ◆

```
ī  ǒ  ǐ  z  z  à  i  j  i  à  n
s  h  u  ì  j  i  à  o  c  ā  ī
i  z  ě  n  m  e  y  à  n  g  e
ǔ  x  i  à  n  z  à  i  m  ā  s
ǐ  p  é  n  g  y  o  u  è  é  è
v  i  d  i  à  n  n  ǎ  o  e  z
t  d  u  ì  b  u  q  ǐ  h  ì  l
s  h  à  n  g  w  ǔ  ǔ  ó  è  d
w  h  u  ǒ  c  h  ē  z  h  à  n
ú  f  ē  n  z  h  ō  n  g  ō  n
í  y  ǐ  z  i  l  ǎ  o  s  h  ī
```

中文找字游戏 (47)

Words and phrases

杯子 (bēizi)　　　　学习 (xuéxí)

东西 (dōngxi)　　　小姐 (xiǎojiě)

医院 (yīyuàn)　　　没关系 (méiguānxi)

飞机 (fēijī)　　　　学生 (xuésheng)

这儿 (zhèr)　　　　女儿 (nǚér)

中国 (Zhōngguó)　　下雨 (xiàyǔ)

◆　◆　◆　◆　◆　◆　◆　◆　◆　◆　◆　◆　◆　◆

```
t  j  x  i  ǎ  o  j  i  ě  é  ú
b  x  i  à  y  ǔ  ǒ  ǔ  ē  ā  g
ǔ  n  ǚ  é  r  ò  a  l  f  s  e
d  ō  n  g  x  i  f  ē  i  j  ī
h  Z  h  ō  n  g  g  u  ó  y  a
v  ǜ  h  x  u  é  x  í  a  h  è
r  ū  í  y  ī  y  u  à  n  a  h
s  í  ō  ú  ǒ  ǘ  z  h  è  r  f
m  é  i  g  u  ā  n  x  i  ǔ  ù
b  ē  i  z  i  ū  ō  ē  h  k  ǎ
ī  f  ǒ  x  u  é  s  h  e  n  g
```

中文找字游戏 (48)

Words and phrases

怎么 (zěnme)   天气 (tiānqì)

先生 (xiānsheng)   多少 (duōshao)

时候 (shíhou)   妈妈 (māma)

名字 (míngzi)   中午 (zhōngwǔ)

今天 (jīntiān)   儿子 (érzi)

出租车 (chūzūchē)   打电话 (dǎdiànhuà)

◆ ◆ ◆ ◆ ◆ ◆ ◆ ◆ ◆ ◆ ◆ ◆ ◆ ◆ ◆ ◆ ◆

```
ú  c  h  ū  z  ū  c  h  ē  s  o
i  l  j  ī  n  t  i  ā  n  q  y
o  t  i  ā  n  q  ì  é  r  z  i
z  h  ō  n  g  w  ǔ  ǐ  ǐ  h  ū
ǔ  ě  m  ā  m  a  ǐ  ū  s  è  o
ǒ  ǎ  p  z  ě  n  m  e  ù  ē  ù
s  h  í  h  o  u  ǘ  l  ǔ  l  ù
ǔ  d  u  ō  s  h  a  o  d  ù  p
í  t  m  í  n  g  z  i  f  ú  n
d  ǎ  d  i  à  n  h  u  à  k  c
k  r  x  i  ā  n  s  h  e  n  g
```

中文找字游戏 (49)

Words and phrases

谢谢 (xièxie) 看见 (kànjiàn)

不客气 (búkèqi) 同学 (tóngxué)

衣服 (yīfu) 漂亮 (piàoliang)

下午 (xiàwǔ) 哪儿 (nǎr)

什么 (shénme) 电视 (diànshì)

喜欢 (xǐhuān) 商店 (shāngdiàn)

• • • • • • • • • • • • • • •

```
i  d  i  à  n  s  h  ì  ā  á  n
t  ó  n  g  x  u  é  t  ú  s  l
l  x  i  è  x  i  e  ù  ǐ  x  ù
g  x  ǐ  h  u  ā  n  ē  ī  à  z
j  s  h  é  n  m  e  i  p  w  g
k  à  n  j  i  à  n  d  f  ē  m
s  h  ā  n  g  d  i  à  n  t  f
p  x  i  à  w  ǔ  y  ī  f  u  ì
p  b  ú  k  è  q  i  á  ū  b  h
p  i  à  o  l  i  a  n  g  x  ē
c  n  ǎ  r  p  ě  o  m  à  ú  k
```

中文找字游戏 (50)

Words and phrases

北京 (Běijīng)　　　爸爸 (bàba)

说话 (shuōhuà)　　桌子 (zhuōzi)

学校 (xuéxiào)　　我们 (wǒmen)

苹果 (píngguǒ)　　高兴 (gāoxìng)

昨天 (zuótiān)　　前面 (qiánmian)

星期 (xīngqī)

◆　◆　◆　◆　◆　◆　◆　◆　◆　◆　◆　◆

```
ǘ  r  g  ā  o  x  ì  n  g  ó  q
ǔ  i  v  ě  B  ě  i  j  ī  n  g
ā  s  h  u  ō  h  u  à  è  n  ǎ
m  p  í  n  g  g  u  ǒ  d  ǒ  v
x  b  à  b  a  í  ǒ  a  è  c  ū
z  q  i  á  n  m  i  a  n  s  ì
á  y  ǐ  j  x  u  é  x  i  à  o
ó  ó  z  u  ó  t  i  ā  n  á  s
í  n  ē  x  ī  n  g  q  ī  r  è
u  z  h  u  ō  z  i  ó  ě  i  n
f  q  ō  w  ǒ  m  e  n  t  u  t
```

中文找字游戏 (51)

Words and phrases

饭馆 (fànguǎn)　　医生 (yīshēng)

那儿 (nàr)　　前面 (qiánmian)

米饭 (mǐfàn)　　认识 (rènshi)

工作 (gōngzuò)　　说话 (shuōhuà)

汉语 (Hànyǔ)　　北京 (Běijīng)

明天 (míngtiān)　　爸爸 (bàba)

◆　◆　◆　◆　◆　◆　◆　◆　◆　◆　◆

```
ē  d  n  ū  s  h  u  ō  h  u  à
o  ù  ū  B  ě  i  j  ī  n  g  ǐ
ě  e  ū  à  H  à  n  y  ǔ  ì  w
w  g  ō  n  g  z  u  ò  w  ǔ  ú
e  f  ē  r  è  n  s  h  i  ǔ  h
ū  ū  ǔ  m  ǐ  f  à  n  ù  y  ě
x  y  m  í  n  g  t  i  ā  n  g
ū  w  ē  ē  í  è  b  à  b  a  ǎ
v  ù  f  à  n  g  u  ǎ  n  à  r
g  q  i  á  n  m  i  a  n  s  y
ù  w  u  ē  y  ī  s  h  ē  n  g
```

中文找字游戏 (52)

Nouns

学校 (school)　　　中午 (noon; midday)

医院 (hospital)　　星期 (week)

月　　 (month)　　　桌子 (table; desk)

衣服 (clothes)　　　学生 (student)

昨天 (yesterday)　　字　　 (letter)

医生 (doctor)　　　椅子 (chair)

◆ ◆ ◆ ◆ ◆ ◆ ◆ ◆ ◆ ◆ ◆ ◆ ◆ ◆ ◆

道 去 当 月 下 中 午
之 昨 天 桌 子 起 都
其 时 用 得 个 得 的
主 家 医 院 她 自 的
椅 子 衣 服 学 生 分
星 期 字 学 校 当
我 上 医 生 后 了 只

中文找字游戏 (53)

Nouns

现在 (now)　　　下午 (afternoon)

水　 (water)　　先生 (Mr.)

天气 (weather)　商店 (shop; store)

小姐 (Miss)　　同学 (classmate)

时候 (time; when)　日　 (sun, day, date)

书　 (book)　　上午 (morning)

◆ ◆ ◆ ◆ ◆ ◆ ◆ ◆ ◆ ◆ ◆ ◆ ◆ ◆ ◆ ◆

有	但	主	是	没	书	理
些	年	小	姐	没	如	要
作	对	和	先	生	中	时
时	候	只	后	些	商	店
法	这	日	下	午	水	心
学	天	气	上	午	然	有
个	小	学	同	学	现	在

中文找字游戏 (54)

Nouns

年 (year)		钱 (money)	
猫 (cat)		妈妈 (mom;mother)	
人 (man)		苹果 (apple)	
名字 (name)		朋友 (friend)	
明天 (tomorrow)		米饭 (cooked rice)	
女儿 (daughter)		前面 (ahead)	

◆ ◆ ◆ ◆ ◆ ◆ ◆ ◆ ◆ ◆ ◆ ◆ ◆ ◆ ◆ ◆

我	前	面	年	当	明 天
作	我	之	发	中	那 猫
其	发	女	儿	米	饭 为
钱	朋	友	她	从	在 有
出	下	看	人	想	妈 妈
名	字	可	发	心	苹 果
成	事	实	于	要	的 方

中文找字游戏 (55)

Nouns

儿子 (son)   里   (inside)

家   (family)   饭馆 (restaurant)

狗   (dog)   火车站 (train station)

今天 (today)   东西 (thing)

汉语 (Chinese)   飞机 (aircraft)

老师 (teacher)   分钟 (minute)

◆ ◆ ◆ ◆ ◆ ◆ ◆ ◆ ◆ ◆ ◆ ◆ ◆ ◆ ◆ ◆

面 出 老 师 么 子 会
从 儿 子 飞 机 子 本
饭 馆 可 个 来 的 没
天 里 也 要 可 家 发
分 钟 现 种 今 天 发
汉 语 东 西 火 车 站
实 狗 不 同 还 没 用

55

中文找字游戏 (56)

Nouns

点 (dot, point)　　　杯子 (cup; glass)

电脑 (computer)　　茶 (tea)

菜 (dish)　　　　　里 (inside)

北京 (Beijing)　　　电影 (film; movie)

出租车 (taxi)　　　爸爸 (dad; father)

老师 (teacher)　　　电视 (television)

◆ ◆ ◆ ◆ ◆ ◆ ◆ ◆ ◆ ◆ ◆ ◆ ◆ ◆ ◆ ◆

部	电	视	里	得	同	地
不	不	爸	爸	来	菜	大
老	师	北	京	点	作	家
电	影	们	不	杯	子	有
而	看	从	地	电	脑	其
子	出	租	车	多	方	茶
同	人	是	出	过	都	种

中文找字游戏 (57)

Nouns

钱　　(qián)　　　　里　　(lǐ)

中午 (zhōngwǔ)　　时候 (shíhou)

现在 (xiànzài)　　　儿子 (érzi)

前面 (qiánmian)　　小姐 (xiǎojiě)

名字 (míngzi)　　　星期 (xīngqī)

家　　(jiā)　　　　飞机 (fēijī)

◆ ◆ ◆ ◆ ◆ ◆ ◆ ◆ ◆ ◆ ◆ ◆ ◆ ◆ ◆

些	现	在	和	飞	机	是
如	理	能	于	钱	他	方
家	出	上	中	午	里	面
她	用	星	期	用	时	候
可	儿	子	对	在	一	然
没	过	前	面	生	名	字
国	中	国	作	小	姐	着

中文找字游戏 (58)

Nouns

年　　(nián)　　　　　火车站 (huǒchēzhàn)

下午 (xiàwǔ)　　　　饭馆 (fànguǎn)

书　　(shū)　　　　　北京 (Běijīng)

椅子 (yǐzi)　　　　　菜　　(cài)

医院 (yīyuàn)　　　　女儿 (nǚér)

人　　(rén)　　　　　同学 (tóngxué)

◆ ◆ ◆ ◆ ◆ ◆ ◆ ◆ ◆ ◆ ◆ ◆ ◆ ◆

前 作 以 为 们 而 人

年 过 医 院 大 如 家

火 车 站 同 学 面 从

之 一 只 得 菜 动 上

下 午 你 事 心 书 到

在 椅 子 分 那 地 都

饭 馆 北 京 女 儿 发

中文找字游戏 (59)

Nouns

猫 (māo)		桌子 (zhuōzi)	
杯子 (bēizi)		爸爸 (bàba)	
学校 (xuéxiào)		妈妈 (māma)	
点 (diǎn)		汉语 (Hànyǔ)	
明天 (míngtiān)		今天 (jīntiān)	
茶 (chá)		东西 (dōngxi)	

◆ ◆ ◆ ◆ ◆ ◆ ◆ ◆ ◆ ◆ ◆ ◆ ◆ ◆

地	方	于	汉	语	妈	妈
他	点	国	茶	也	上	也
之	部	今	天	爸	爸	出
之	面	猫	你	东	西	上
能	还	自	实	也	桌	子
杯	子	学	校	天	出	为
生	着	法	其	明	天	也

59

中文找字游戏 (60)

Nouns

天气 (tiānqì)   老师 (lǎoshī)

电影 (diànyǐng)   昨天 (zuótiān)

米饭 (mǐfàn)   朋友 (péngyou)

上午 (shàngwǔ)   先生 (xiānsheng)

医生 (yīshēng)   衣服 (yīfu)

狗 (gǒu)   字 (zì)

◆ ◆ ◆ ◆ ◆ ◆ ◆ ◆ ◆ ◆ ◆ ◆ ◆ ◆

于	医	生	字	米	饭	而
电	影	分	衣	服	然	多
昨	天	里	没	过	生	了
成	之	里	上	午	开	还
因	朋	友	理	老	师	多
天	气	到	家	了	得	狗
后	因	么	家	先	生	后

60

Nouns

月 (yuè)		分钟 (fēnzhōng)	
昨天 (zuótiān)		衣服 (yīfu)	
水 (shuǐ)		商店 (shāngdiàn)	
电视 (diànshì)		日 (rì)	
出租车 (chūzūchē)		学生 (xuésheng)	
电脑 (diànnǎo)		苹果 (píngguǒ)	

• • • • • • • • • • • •

出 租 车 昨 天 月 他
日 的 他 去 学 生 对
发 道 到 电 视 衣 服
出 因 小 都 看 在 都
苹 果 商 店 地 来 个
和 电 脑 法 想 一 然
分 钟 水 国 没 当 分

中文找字游戏 (62)

Nouns

昨天 (zuótiān)　　苹果 (píngguǒ)

茶　(chá)　　饭馆 (fànguǎn)

医院 (yīyuàn)　　医生 (yīshēng)

出租车 (chūzūchē)　　狗　(gǒu)

儿子 (érzi)　　女儿 (nǚér)

日　(rì)　　前面 (qiánmian)

◆　◆　◆　◆　◆　◆　◆　◆　◆　◆　◆　◆　◆

q p í n g g u ǒ ü è l
ī z u ó t i ā n í f g
c à g v ì n ǚ é r ǎ é
d é y ī s h ē n g w v
ü á i ò f à n g u ǎ n
ō è c h á y ī y u à n
y ǎ u ó v é r z i ě á
v ó ǒ c h ū z ū c h ē
ì l ó g ǒ u d a d c ū r
i z z r ì í w ǔ b y ǔ
k ū w q i á n m i a n

中文找字游戏 （63）

Nouns

米饭 (mǐfàn)   字   (zì)

里   (lǐ)   星期 (xīngqī)

火车站 (huǒchēzhàn)   电脑 (diànnǎo)

电影 (diànyǐng)   天气 (tiānqì)

书   (shū)   爸爸 (bàba)

东西 (dōngxi)   下午 (xiàwǔ)

◆ ◆ ◆ ◆ ◆ ◆ ◆ ◆ ◆ ◆ ◆ ◆ ◆ ◆

```
o  b  e  ì  d  ō  n  g  x  i  ǒ
ǔ  d  z  m  ǐ  f  à  n  à  è  ō
ú  ò  z  t  i  ā  n  q  ì  o  r
w  s  a  z  x  i  à  w  ǔ  á  í
q  c  ǒ  i  n  à  ě  w  ù  z  ì
o  o  d  i  à  n  n  ǎ  o  h  ī
d  i  à  n  y  ǐ  n  g  f  e  ì
ǔ  f  ù  ù  ū  s  b  à  b  a  ǎ
ǒ  ī  x  ī  n  g  q  ī  a  u  t
l  ǐ  r  ù  ǒ  y  à  ǎ  s  h  ū
h  u  ǒ  c  h  ē  z  h  à  n  v
```

中文找字游戏 (64)

Nouns

菜 (cài)　　　学校 (xuéxiào)

汉语 (Hànyǔ)　　钱 (qián)

小姐 (xiǎojiě)　　衣服 (yīfu)

妈妈 (māma)　　中午 (zhōngwǔ)

朋友 (péngyou)　　杯子 (bēizi)

现在 (xiànzài)　　桌子 (zhuōzi)

◆ ◆ ◆ ◆ ◆ ◆ ◆ ◆ ◆ ◆ ◆ ◆ ◆ ◆ ◆ ◆

```
t  ō  x  i  ǎ  o  j  i  ě  ú  s
z  h  ō  n  g  w  ǔ  i  c  à  i
ī  h  k  ó  ù  j  t  k  o  r  í
z  ù  x  i  p  é  n  g  y  o  u
s  ō  é  ì  x  u  é  x  i  à  o
q  b  ē  i  z  i  ù  y  ī  f  u
d  ǐ  m  q  i  á  n  ī  è  è  g
ó  è  z  h  u  ō  z  i  a  c  g
u  g  p  m  ā  m  a  b  ǒ  t  w
ó  ī  H  à  n  y  ǔ  s  p  f  è
á  ō  ē  ū  x  i  à  n  z  à  i
```

Nouns

年	(nián)	人	(rén)
先生	(xiānsheng)	同学	(tóngxué)
飞机	(fēijī)	家	(jiā)
点	(diǎn)	椅子	(yǐzi)
时候	(shíhou)	老师	(lǎoshī)
今天	(jīntiān)	猫	(māo)

• • • • • • • • • • • • • • • • •

```
ú  x  p  ǔ  d  i  ǎ  n  g  ǎ  c
u  ù  p  ē  ǜ  ī  w  n  i  á  n
ò  q  ì  ū  ú  y  ǐ  z  i  ō  f
x  i  ā  n  s  h  e  n  g  ō  u
n  l  k  ā  ě  q  e  ū  u  ǜ  ǐ
ǐ  m  ā  o  t  ó  n  g  x  u  é
e  v  ě  g  g  ì  ǒ  ī  v  á  ě
ō  f  ē  i  j  ī  z  j  i  ā  è
y  l  k  ǒ  j  ī  n  t  i  ā  n
r  é  n  x  s  h  í  h  o  u  p
w  a  ù  l  ǎ  o  s  h  ī  z  j
```

中文找字游戏 (66)

Nouns

月　　(yuè)　　　　　上午 (shàngwǔ)

明天 (míngtiān)　　老师 (lǎoshī)

分钟 (fēnzhōng)　　商店 (shāngdiàn)

学生 (xuésheng)　　北京 (Běijīng)

水　　(shuǐ)　　　　家　　(jiā)

名字 (míngzi)　　　电视 (diànshì)

◆ ◆ ◆ ◆ ◆ ◆ ◆ ◆ ◆ ◆ ◆ ◆ ◆ ◆ ◆ ◆

```
ù  s  h  u  ǐ  ǒ  d  ē  à  ū  t
y  f  ē  n  z  h  ō  n  g  e  p
ǔ  j  b  d  B  ě  i  j  ī  n  g
ū  ā  ū  y  u  è  u  ǔ  Ū  ō  ě
ǎ  k  ǔ  s  h  à  n  g  w  ǔ  à
ī  b  b  x  u  é  s  h  e  n  g
ā  l  ǎ  o  s  h  ī  j  i  ā  c
ě  k  m  í  n  g  t  i  ā  n  o
ū  d  s  h  ā  n  g  d  i  à  n
m  í  n  g  z  i  v  z  z  z  ǔ
d  i  à  n  s  h  ì  ù  r  ǔ  ǐ
```

中文找字游戏 (67)

Verbs

写 (write)　　　　喜欢 (like)

有 (have)　　　　谢谢 (thank)

做 (make)　　　　想 (think)

听 (listen)　　　　住 (live)

学习 (study)　　　下 (descend)

再见 (good-bye)　　坐 (sit)

• • • • • • • • • • • • • • • • •

下 过 们 起 住 谢 谢
同 我 那 国 再 见 看
人 喜 欢 于 道 学 学
动 心 有 部 会 做 部
但 多 用 他 的 本 起
定 能 学 习 写 都 理
分 坐 经 想 现 种 听

Verbs

开	(open)	去	(go)
看见	(to see)	睡觉	(sleep)
叫	(call)	请	(please)
来	(come)	是	(be)
会	(can)	买	(buy)
没关系	(never mind)	说话	(talk)

• • • • • • • • • • • • • • • •

因	是	事	自	看	见	动
现	然	和	法	动	天	地
作	多	买	睡	觉	分	分
去	有	实	年	请	生	实
开	后	都	然	说	话	叫
会	因	理	作	就	后	那
种	来	理	没	关	系	能

中文找字游戏 (69)

Verbs

喝　(drink)　　　　　回　(return)

工作 (work; job)　　读　(read)

说话 (talk)　　　　打电话 (make phone call)

爱　(love)　　　　是　(be)

吃　(eat)　　　　对不起 (sorry)

不客气 (never mind)　　睡觉 (sleep)

◆ ◆ ◆ ◆ ◆ ◆ ◆ ◆ ◆ ◆ ◆ ◆ ◆ ◆ ◆

本 主 不 客 气 子 不

对 不 起 读 能 生 用

会 睡 觉 下 工 作 回

大 对 吃 爱 起 说 话

是 样 道 道 喝 地 你

想 打 电 话 法 以 同

现 个 们 了 事 中 自

中文找字游戏 （70）

Verbs

再见 (zàijiàn)　　喜欢 (xǐhuān)

去　 (qù)　　　　吃　 (chī)

有　 (yǒu)　　　　打电话 (dǎdiànhuà)

请　 (qǐng)　　　住　 (zhù)

叫　 (jiào)　　　买　 (mǎi)

对不起 (duìbuqǐ)　开　 (kāi)

· · · · · · · · · · · · · · · · · ·

再	见	喜	欢	而	请	去
时	以	学	同	对	不	起
但	样	大	其	为	下	行
天	然	吃	叫	住	过	个
大	定	心	定	买	方	行
部	有	不	打	电	话	我
道	开	没	多	中	而	方

70

中文找字游戏 （71）

Verbs

看见 (kànjiàn)   不客气 (búkèqi)

工作 (gōngzuò)   读   (dú)

来   (lái)   坐   (zuò)

没关系 (méiguānxi)   想   (xiǎng)

下   (xià)   听   (tīng)

会   (huì)   是   (shì)

◆ ◆ ◆ ◆ ◆ ◆ ◆ ◆ ◆ ◆ ◆ ◆ ◆ ◆ ◆

读	大	要	子	种	下	了
来	部	坐	动	因	上	多
作	如	行	然	看	会	学
前	想	一	和	就	心	一
能	不	客	气	没	关	系
没	种	里	工	作	看	见
听	分	家	是	和	自	我

中文找字游戏 （72）

Verbs

做 (zuò)		谢谢 (xièxie)	
睡觉 (shuìjiào)		爱 (ài)	
学习 (xuéxí)		听 (tīng)	
喝 (hē)		读 (dú)	
回 (huí)		写 (xiě)	
说话 (shuōhuà)		下 (xià)	

• • • • • • • • • • • • • • • • • • •

睡 觉 地 些 她 之 出
经 我 行 和 读 和 部
喝 部 她 大 得 想 他
爱 而 回 年 有 听 得
多 学 习 看 成 谢 谢
起 子 用 动 下 说 话
所 实 方 发 方 写 做

72

中文找字游戏 (73)

Verbs

去 (qù)　　　　　是 (shì)

读 (dú)　　　　　叫 (jiào)

喜欢 (xǐhuān)　　有 (yǒu)

开 (kāi)　　　　　下 (xià)

喝 (hē)　　　　　谢谢 (xièxie)

学习 (xuéxí)　　　爱 (ài)

◆ ◆ ◆ ◆ ◆ ◆ ◆ ◆ ◆ ◆ ◆ ◆ ◆ ◆

```
b  ū  k  w  s  x  x  u  é  x  í
ú  ū  p  f  f  k  ā  i  s  h  ì
m  ü  s  x  i  è  x  i  e  é  z
á  j  ú  ú  m  á  ò  ù  c  ā  h
e  x  i  à  ò  j  f  ū  w  ā  e
ó  d  ú  ī  n  ó  í  ü  c  g  s
ū  ü  h  ē  é  ǒ  ű  ì  q  ò  q
n  x  c  q  ù  à  i  n  ǎ  ó  ā
u  n  u  x  ǐ  h  u  ā  n  s  j
á  è  u  l  l  y  l  g  á  ì  h
y  ǒ  u  j  i  à  o  o  ō  p  j  z
```

中文找字游戏 (74)

Verbs

工作 (gōngzuò)　　　听　　(tīng)

写　　(xiě)　　　　对不起 (duìbuqǐ)

没关系 (méiguānxi)　　看见 (kànjiàn)

请　　(qǐng)　　　　睡觉 (shuìjiào)

会　　(huì)　　　　住　　(zhù)

来　　(lái)　　　　吃　　(chī)

◆ ◆ ◆ ◆ ◆ ◆ ◆ ◆ ◆ ◆ ◆ ◆ ◆ ◆ ◆ ◆

```
o s h u ì j i à o ǎ ù
z h ù ù ō l á i p ī ē
ǎ ì ù ě o ā k ū ù ē ó
ū k à n j i à n u f w
ū v ū ē x i ě ò ò ù ì
h u ì t t ǔ c h ī à ī
d à g ō n g z u ò t s
ǎ u x m d u ì b u q ǐ
j q m é i g u ā n x i
ū j ō è q t ī n g o ì
ǔ u ó ú q ǐ n g ù á ú
```

中文找字游戏 (75)

Verbs

打电话(dǎ diàn huà)　　不客气(bú kè qi)

写　(xiě)　　　　　想　(xiǎng)

来　(lái)　　　　　回　(huí)

做　(zuò)　　　　　听　(tīng)

再见(zài jiàn)　　　买　(mǎi)

说话(shuō huà)

◆ ◆ ◆ ◆ ◆ ◆ ◆ ◆ ◆ ◆ ◆ ◆ ◆ ◆

```
à  ě  l  ě  ō  k  s  k  ǔ  ú  è
ú  h  u  í  x  x  i  ǎ  n  g  è
ò  s  h  u  ō  h  u  à  x  y  f
ǖ  ù  ó  j  í  y  j  m  ǎ  i  m
á  ǘ  é  à  z  à  i  j  i  à  n
s  d  ǎ  d  i  à  n  h  u  à  e
ū  ǘ  ē  ǘ  ó  z  t  ī  n  g  ě
z  ǔ  ǔ  h  q  ì  i  ō  l  á  i
m  f  ǔ  z  u  ò  o  ù  f  i  d
a  ú  ǐ  j  ǐ  x  i  ě  à  m  w
ó  b  ú  k  è  q  i  ú  n  ǒ  r
```

中文找字游戏 (76)

Adjectives & Adverbs

小 (small)　　少 (few)
大 (big)　　高兴 (happy)
多 (much)　　好 (good)
热 (hot)　　都 (all)
太 (too)　　很 (very)
漂亮 (pretty)　　冷 (cold)

• • • • • • • • • • • • • • • •

而	当	们	冷	事	好	不
热	本	从	心	心	但	们
太	高	兴	事	其	你	还
她	没	分	作	法	来	一
多	大	但	从	行	很	为
在	能	因	生	为	都	少
下	小	漂	亮	动	他	作

中文找字游戏 (77)

Adjectives & Adverbs

多 (much)　　　　　少 (few)

小 (small)　　　　冷 (cold)

太 (too)　　　　　热 (hot)

漂亮 (pretty)　　　好 (good)

很 (very)　　　　都 (all)

高兴 (happy)　　　不 (not; no)

◆ ◆ ◆ ◆ ◆ ◆ ◆ ◆ ◆ ◆ ◆ ◆ ◆

高	兴	热	天	当	实	好
太	在	中	那	本	实	经
分	开	面	对	少	你	小
就	不	发	多	很	在	就
种	分	道	于	就	都	于
子	为	然	如	于	以	以
后	冷	以	漂	亮	中	所

Adjectives & Adverbs

太　　(tài)　　　　小　　(xiǎo)
不　　(Bù)　　　　热　　(rè)
好　　(hǎo)　　　　少　　(shǎo)
高兴　(gāoxìng)　 很　　(hěn)
冷　　(lěng)　　　 都　　(dōu)
大　　(Dà)　　　　漂亮　(piàoliang)

◆　◆　◆　◆　◆　◆　◆　◆　◆　◆　◆　◆　◆　◆

些　得　大　就　下　作　事
漂　亮　地　种　下　事　太
动　多　部　家　行　没　样
少　热　那　起　个　在　之
为　行　年　上　高　兴　这
不　和　好　很　中　国　年
对　都　用　小　主　年　冷

Adjectives & Adverbs

大	(Dà)	太	(tài)
小	(xiǎo)	少	(shǎo)
多	(duō)	漂亮	(piàoliang)
好	(hǎo)	热	(rè)
很	(hěn)	高兴	(gāoxìng)
冷	(lěng)	不	(Bù)

◆ ◆ ◆ ◆ ◆ ◆ ◆ ◆ ◆ ◆ ◆ ◆ ◆ ◆ ◆

小 和 作 些 大 人 现
从 和 了 事 也 那 你
下 因 多 同 很 地 么
天 如 太 动 少 用 不
说 高 兴 好 热 后 有
是 得 动 起 们 冷 事
可 漂 亮 进 在 们 道

中文找字游戏 (80)

Adjectives & Adverbs

小 (xiǎo)   冷 (lěng)

少 (shǎo)   太 (tài)

好 (hǎo)   漂亮 (piàoliang)

很 (hěn)   大 (Dà)

热 (rè)   不 (Bù)

高兴 (gāoxìng)   都 (dōu)

◆ ◆ ◆ ◆ ◆ ◆ ◆ ◆ ◆ ◆ ◆ ◆ ◆ ◆ ◆ ◆

```
x  i  ǎ  o  í  o  ì  í  u  v  ī
D  à  v  g  ā  o  x  ì  n  g  ǐ
à  j  k  b  ü  l  ě  n  g  ū  ī
r  è  ó  d  ò  ǔ  l  j  ō  ǔ  ù
é  ù  d  ō  u  ǘ  ū  à  ó  ú  d
ǘ  ó  x  b  l  ú  l  e  h  ě  n
s  h  ǎ  o  ū  ī  v  m  ì  z  ā
ù  p  p  i  à  o  l  i  a  n  g
ū  q  k  t  r  à  h  h  ǎ  o  u
ǔ  ò  t  à  i  w  s  s  ǔ  f  ū
x  b  ú  j  é  B  ù  f  ó  ē  t
```

中文找字游戏 (81)

Adjectives & Adverbs

不	(Bù)	多	(duō)
热	(rè)	漂亮	(piàoliang)
太	(tài)	大	(Dà)
高兴	(gāoxìng)	很	(hěn)
好	(hǎo)	都	(dōu)
少	(shǎo)	小	(xiǎo)

◆ ◆ ◆ ◆ ◆ ◆ ◆ ◆ ◆ ◆ ◆ ◆ ◆ ◆

```
ò  ú  z  ǒ  m  t  à  i  h  ǎ  o
ǎ  j  r  a  b  ō  a  B  ù  d  ò
t  ǔ  ǎ  ī  d  u  ō  q  c  ǎ  s
ü  q  o  v  r  è  ó  s  d  ō  u
x  i  ǎ  o  w  ō  s  h  ǎ  o  i
l  á  x  ǐ  ē  z  y  D  à  ǔ  h
à  y  g  ā  o  x  ì  n  g  ǔ  ó
ü  í  b  ǎ  a  f  e  g  l  á  ì
l  x  i  è  y  m  f  g  ò  n  t
p  i  à  o  l  i  a  n  g  h  v
ē  d  k  s  s  ú  ē  ù  h  ěn
```

81

中文找字游戏 （82）

All HSK1

坐　(sit)　　　　　这　(this)

昨天 (yesterday)　　做　(make)

这儿 (here)　　　　住　(live)

桌子 (table; desk)　中国 (China)

怎么 (how)　　　　字　(letter)

怎么样 (how)　　　中午 (noon; midday)

◆ ◆ ◆ ◆ ◆ ◆ ◆ ◆ ◆ ◆ ◆ ◆ ◆ ◆ ◆

大 中 国 做 学 中 午

这 儿 了 从 字 也 来

有 然 开 地 不 有 年

时 坐 种 怎 么 样 法

和 昨 天 一 自 这 就

同 事 主 住 得 下 进

怎 么 大 了 说 桌 子

中文找字游戏 (83)

All HSK1

医院 (hospital)　　再见 (good-bye)

衣服 (clothes)　　有　(have)

学习 (study)　　一　(one)

月　(month)　　医生 (doctor)

学生 (student)　　椅子 (chair)

在　(exist)　　学校 (school)

● ● ● ● ● ● ● ● ● ● ● ● ● ●

不	月	前	和	经	医	院
这	椅	子	定	学	习	多
得	那	有	以	要	定	前
过	那	这	学	校	在	出
之	们	学	道	要	着	会
学	生	再	见	还	主	也
一	衣	服	要	用	医	生

中文找字游戏 （84）

All HSK1

些 (some)		小姐 (Miss)	
下 (descend)		写 (write)	
星期 (week)		想 (think)	
现在 (now)		下午 (afternoon)	
小 (small)		谢谢 (thank)	
下雨 (to rain)		先生 (Mr.)	

• • • • • • • • • • • • • • • • • • •

而	会	写	下	雨	好	里
分	时	家	下	些	为	能
小	一	小	姐	不	定	一
人	下	午	得	想	先	生
从	种	都	你	了	种	子
星	期	谢	谢	实	你	会
定	现	在	子	年	看	为

中文找字游戏 (85)

All HSK1

喜欢 (like)   听   (listen)

她   (she)   天气 (weather)

我   (I)   太   (too)

我们 (we; us; our)   喂   (hello)

五   (five)   岁   (years old)

他   (he)   同学 (classmate)

◆ ◆ ◆ ◆ ◆ ◆ ◆ ◆ ◆ ◆ ◆ ◆ ◆ ◆ ◆

同	学	为	家	岁	心	没
子	她	去	当	以	来	子
心	听	是	为	作	种	主
但	喜	欢	他	我	发	不
子	去	于	面	五	天	气
也	小	不	可	主	法	现
出	大	太	我	们	喂	成

中文找字游戏 (86)

All HSK1

什么 (what)   时候 (time; when)

说话 (talk)   睡觉 (sleep)

上午 (morning)   水 (water)

四 (four)   少 (few)

谁 (who)   是 (be)

书 (book)   十 (ten)

• • • • • • • • • • • • • • • • • • •

的	为	法	是	经	少	大
说	话	但	谁	上	午	书
要	只	同	可	面	那	其
主	他	会	可	水	四	自
作	时	候	成	十	只	如
定	睡	觉	也	子	人	他
如	时	于	多	成	什	么

中文找字游戏 (87)

All HSK1

七　　(seven)　　　　前面 (ahead)

苹果 (apple)　　　　认识 (recognize)

去　　(go)　　　　　钱　　(money)

日　　(sun, day, date)　热　　(hot)

请　　(please)　　　　商店 (shop; store)

三　　(three)　　　　人　　(man)

◆ ◆ ◆ ◆ ◆ ◆ ◆ ◆ ◆ ◆ ◆ ◆ ◆ ◆

为 分 定 分 出 自 动
们 本 里 起 三 有 在
来 家 对 日 过 实 会
在 认 识 七 前 面 对
还 实 去 然 钱 前 分
苹 果 请 商 店 得 们
种 人 心 多 热 主 样

87

中文找字游戏 (88)

All HSK1

那儿 (there)　　　名字 (name)

那　 (that)　　　你　 (you)

朋友 (friend)　　呢　 question particle

年　 (year)　　　女儿 (daughter)

漂亮 (pretty)　　能　 (can)

哪　 (which)　　　哪儿 (where)

• • • • • • • • • • • • • • • •

法	经	还	为	哪	儿	国
漂	亮	于	来	但	方	得
都	动	都	而	没	那	儿
想	有	面	那	能	呢	哪
会	你	可	女	儿	有	年
经	看	名	字	就	本	是
就	上	有	面	朋	友	得

中文找字游戏 (89)

All HSK1

吗　　(question word)　　　明天 (tomorrow)

六　　(six)　　　　　　　猫　　(cat)

没　　(have not;not)　　　零　　(zero, 0)

里　　(inside)　　　　　妈妈 (mom;mother)

没关系 (never mind)　　　买　　(buy)

冷　　(cold)　　　　　　米饭 (cooked rice)

◆ ◆ ◆ ◆ ◆ ◆ ◆ ◆ ◆ ◆ ◆ ◆ ◆ ◆ ◆

米	饭	学	会	这	但	分
因	种	来	出	没	关	系
法	法	妈	妈	着	他	前
六	其	买	没	们	但	如
实	进	同	吗	用	们	上
零	里	那	冷	时	要	可
都	于	实	明	天	行	猫

All HSK1

看见 (to see) 块 (piece)

火车站 (train station) 来 (come)

今天 (today) 叫 (call)

了 (modal word) 家 (family)

开 (open) 会 (can)

九 (nine) 老师 (teacher)

• • • • • • • • • • • • • • • •

都	后	动	今	天	起	面
前	来	着	看	了	他	上
火	车	站	行	开	看	事
叫	所	只	九	面	小	想
进	块	看	见	和	都	里
国	有	家	后	会	起	可
都	同	老	师	是	主	而

中文找字游戏 (91)

All HSK1

汉语 (Chinese)   很 (very)

工作 (work; job)   和 (and)

喝 (drink)   高兴 (happy)

好 (good)   个 (measure word)

飞机 (aircraft)   回 (return)

狗 (dog)   分钟 (minute)

◆ ◆ ◆ ◆ ◆ ◆ ◆ ◆ ◆ ◆ ◆ ◆ ◆ ◆ ◆

家	着	多	他	看	很	当
个	汉	语	飞	机	所	的
为	来	分	定	回	想	没
国	高	兴	学	以	为	之
里	都	从	分	钟	要	要
来	工	作	喝	想	子	和
法	我	从	开	些	狗	好

中文找字游戏 (92)

All HSK1

电影 (film; movie)　　　多　　(much)

都　　(all)　　　　　电视 (television)

多少 (how many)　　　二　　(two)

儿子 (son)　　　　　对不起 (sorry)

电脑 (computer)　　　读　　(read)

东西 (thing)　　　　饭馆 (restaurant)

◆ ◆ ◆ ◆ ◆ ◆ ◆ ◆ ◆ ◆ ◆ ◆ ◆ ◆ ◆ ◆

电 脑 来 行 然 动 她

得 主 大 多 少 中 实

能 为 方 成 电 影 说

法 饭 馆 国 要 而 都

之 儿 子 多 这 东 西

没 而 二 发 来 电 视

时 对 不 起 如 而 读

中文找字游戏 (93)

All HSK1

茶 (tea)　　　　　　不 (not; no)

出租车 (taxi)　　　　打电话 (make phone call)

吃 (eat)　　　　　　北京 (Beijing)

大 (big)　　　　　　的 (of)

本 (book)　　　　　　点 (dot, point)

菜 (dish)　　　　　　不客气 (never mind)

◆ ◆ ◆ ◆ ◆ ◆ ◆ ◆ ◆ ◆ ◆ ◆ ◆ ◆ ◆

心 茶 们 大 起 了 定

这 为 你 出 租 车 吃

能 但 打 电 话 的 种

发 看 道 他 个 会 菜

同 他 但 点 家 不 事

行 不 客 气 经 本 人

也 北 京 说 面 这 还

中文找字游戏 (94)

All HSK1

爸爸 (dad; father)　　打电话 (make phone call)

爱　(love)　　　　　出租车 (taxi)

杯子 (cup; glass)　　茶　(tea)

吃　(eat)　　　　　的　(of)

八　(eight)　　　　点　(dot, point)

菜　(dish)　　　　　大　(big)

◆ ◆ ◆ ◆ ◆ ◆ ◆ ◆ ◆ ◆ ◆ ◆ ◆ ◆ ◆ ◆

以	之	打	电	话	用	理
能	爱	家	茶	子	里	子
分	八	么	杯	子	点	去
样	能	菜	她	他	有	成
只	去	的	了	多	不	么
我	出	租	车	样	理	大
爸	爸	得	学	中	成	吃

All HSK1

对不起 (duì buqǐ)　　去　(qù)

多　(duō)　　有　(yǒu)

电影 (diànyǐng)　　再见 (zàijiàn)

下　(xià)　　这儿 (zhèr)

先生 (xiānsheng)　　下雨 (xiàyǔ)

学生 (xué sheng)　　茶　(chá)

◆ ◆ ◆ ◆ ◆ ◆ ◆ ◆ ◆ ◆ ◆ ◆ ◆ ◆ ◆

种	对	不	起	这	儿	有
能	去	多	和	理	对	能
本	因	时	方	的	动	要
发	出	们	茶	没	再	见
电	影	学	生	分	先	生
下	雨	之	出	当	国	下
在	主	可	就	时	理	是

中文找字游戏 (96)

All HSK1

中国 (Zhōngguó)   大 (Dà)

苹果 (píngguǒ)   朋友 (péngyou)

了 (le)   十 (shí)

衣服 (yīfu)   看见 (kànjiàn)

听 (tīng)   二 (èr)

七 (qī)   少 (shǎo)

• •

都	对	时	朋	友	人	法
定	你	七	心	听	和	道
多	了	十	家	个	里	理
道	衣	服	看	见	道	下
多	个	苹	果	中	国	大
动	好	们	样	但	出	少
当	种	没	有	二	我	多

中文找字游戏 (97)

All HSK1

医生 (yī shēng)　　哪　(nǎ)

椅子 (yǐ zi)　　会　(huì)

岁　(suì)　　火车站 (huǒ chē zhàn)

叫　(jiào)　　六　(liù)

什么 (shénme)　　打电话 (dǎ diànhuà)

高兴 (gāo xìng)　　星期 (xīngqī)

◆ ◆ ◆ ◆ ◆ ◆ ◆ ◆ ◆ ◆ ◆

还 哪 火 车 站 高 兴

面 动 那 叫 些 什 么

医 生 椅 子 理 同 时

打 电 话 也 生 其 然

到 前 岁 会 在 星 期

上 在 到 为 之 着 六

我 对 中 大 心 但 成

中文找字游戏 (98)

All HSK1

出租车 (chūzūchē)　　小姐 (xiǎojiě)

怎么 (zěnme)　　中午 (zhōngwǔ)

书 (shū)　　喝 (hē)

点 (diǎn)　　北京 (Běijīng)

想 (xiǎng)　　水 (shuǐ)

工作 (gōngzuò)　　菜 (cài)

◆ ■ ◆ ■ ◆ ■ ◆ ■ ◆ ■ ◆ ■ ◆ ■ ◆

动	着	出	租	车	小	姐
的	喝	同	书	中	午	想
然	心	多	不	水	工	作
实	国	年	子	作	出	过
动	动	的	点	北	京	去
其	本	菜	中	国	怎	么
时	所	所	只	都	为	后

中文找字游戏 (99)

All HSK1

饭馆 (fànguǎn)　　　名字 (míngzi)

八　　(bā)　　　　飞机 (fēijī)

漂亮 (piàoliang)　　前面 (qiánmian)

电视 (diànshì)　　　下午 (xiàwǔ)

桌子 (zhuōzi)　　　钱　(qián)

喂　　(wèi)　　　　一　(yī)

◆ ◆ ◆ ◆ ◆ ◆ ◆ ◆ ◆ ◆ ◆ ◆ ◆ ◆

得 喂 子 中 分 前 面

八 和 分 名 字 下 午

一 行 桌 子 行 饭 馆

面 你 本 如 没 能 多

于 当 他 飞 机 也 只

而 的 们 会 么 钱 所

会 电 视 里 漂 亮 得

中文找字游戏 （100）

All HSK1

写 (xiě)	电脑 (diànnǎo)
小 (xiǎo)	读 (dú)
哪儿 (nǎr)	那儿 (nàr)
狗 (gǒu)	三 (sān)
和 (hé)	女儿 (nǚér)
猫 (māo)	热 (rè)

• • • • • • • • • • • • • • • • • •

些	面	热	写	道	为	心
样	那	都	没	以	主	学
想	因	着	动	前	心	所
动	以	哪	儿	本	电	脑
读	下	那	儿	会	只	地
经	起	么	女	儿	下	能
三	过	小	狗	和	现	猫

中文找字游戏 （101）

All HSK1

老师 (lǎoshī)　　　那　　(nà)

本　　(běn)　　　同学 (tóngxué)

是　　(shì)　　　妈妈 (māma)

月　　(yuè)　　　请　　(qǐng)

年　　(nián)　　　爸爸 (bàba)

昨天 (zuótiān)　　好　　(hǎo)

◆ ◆ ◆ ◆ ◆ ◆ ◆ ◆ ◆ ◆ ◆ ◆ ◆ ◆ ◆

妈	妈	时	心	主	部	前
个	爸	爸	我	请	年	本
和	好	发	法	得	其	可
会	得	说	进	后	作	那
于	行	会	同	学	里	作
想	月	方	是	会	老	师
然	学	用	种	昨	天	成

中文找字游戏 （102）

All HSK1

认识 (rènshi)　　米饭 (mǐfàn)

些　 (xiē)　　谁　 (shéi)

汉语 (Hànyǔ)　　五　 (wǔ)

多少 (duōshao)　　回　 (huí)

谢谢 (xièxie)　　医院 (yīyuàn)

零　 (líng)　　来　 (lái)

• • • • • • • • • • • • • • • •

生	还	中	前	其	多 少
同	汉	语	里	医	院 他
里	到	就	米	饭	来 人
没	谁	五	用	经	你 能
零	成	谢	谢	和	有 本
回	看	理	部	认	识 么
部	用	小	些	经	那 从

中文找字游戏 (103)

All HSK1

住 (zhù)　　　　怎么样 (zěnmeyàng)

杯子 (bēizi)　　我们 (wǒmen)

儿子 (érzi)　　 能 (néng)

爱 (ài)　　　　买 (mǎi)

块 (kuài)　　　在 (zài)

的 (de)　　　　九 (jiǔ)

◆ ◆ ◆ ◆ ◆ ◆ ◆ ◆ ◆ ◆ ◆ ◆ ◆ ◆ ◆ ◆

这	的	我	们	我	为	为
现	从	样	看	下	主	主
杯	子	那	实	买	要	九
实	块	是	生	得	之	学
现	行	后	儿	子	不	住
经	不	怎	么	样	她	多
些	能	分	会	爱	经	在

中文找字游戏 (104)

All HSK1

喜欢 (xǐhuān)　　没关系 (méiguānxi)

学习 (xuéxí)　　我 (wǒ)

东西 (dōngxi)　　太 (tài)

都 (dōu)　　上午 (shàngwǔ)

吗 (ma)　　天气 (tiānqì)

里 (lǐ)　　今天 (jīntiān)

• • • • • • • • • • • • • • • • • •

为	大	了	定	学	的	想
他	我	里	上	午	如	然
开	些	起	喜	欢	学	习
好	学	多	东	西	一	学
今	天	进	太	都	家	她
样	吗	本	种	只	为	于
没	关	系	那	所	天	气

中文找字游戏 (105)

All HSK1

这 (zhè)　　　　不客气 (bú kè qi)

不 (Bù)　　　　没 (méi)

现在 (xiànzài)　做 (zuò)

呢 (ne)　　　　他 (tā)

日 (rì)　　　　四 (sì)

人 (rén)　　　　睡觉 (shuì jiào)

◆ ◆ ◆ ◆ ◆ ◆ ◆ ◆ ◆ ◆ ◆ ◆ ◆

四 不 客 气 理 方 没
但 呢 过 当 所 种 做
他 生 就 日 主 起 不
然 睡 觉 开 同 地 动
多 和 大 所 行 都 上
过 也 着 进 现 在 但
大 这 的 说 说 还 人

中文找字游戏 (106)

All HSK1

她 (tā)　　　　吃 (chī)

时候 (shí hou)　　明天 (míngtiān)

你 (nǐ)　　　　学校 (xuéxiào)

开 (kāi)　　　　说话 (shuōhuà)

冷 (lěng)　　　分钟 (fēnzhōng)

坐 (zuò)　　　　商店 (shāngdiàn)

• • • • • • • • • • • • • •

子 那 分 钟 学 校 开

你 我 发 大 只 人 中

现 吃 行 面 主 坐 不

商 店 小 在 于 发 的

过 她 过 以 么 没 进

得 发 上 出 从 说 话

用 时 候 明 天 来 冷

All HSK1

时候 (shí hou)　　　吃　　(chī)

家　　(jiā)　　　　坐　　(zuò)

分钟 (fēnzhōng)　　商店 (shāngdiàn)

学校 (xuéxiào)　　　很　　(hěn)

个　　(gè)　　　　她　　(tā)

开　　(kāi)　　　　字　　(zì)

◆ ◆ ◆ ◆ ◆ ◆ ◆ ◆ ◆ ◆ ◆ ◆ ◆ ◆ ◆

心	子	一	以	吃	学	校
样	实	进	一	个	坐	自
看	用	于	些	很	分	你
家	事	生	同	面	但	动
这	会	当	开	她	时	候
那	看	于	商	店	去	于
于	其	现	道	字	分	钟

All HSK1

饭馆 (fànguǎn)	东西 (dōngxi)
杯子 (bēizi)	我们 (wǒmen)
家 (jiā)	少 (shǎo)
坐 (zuò)	中国 (Zhōngguó)
我 (wǒ)	怎么样 (zěnmeyàng)
工作 (gōngzuò)	对不起 (duìbuqǐ)

◆ ◆ ◆ ◆ ◆ ◆ ◆ ◆ ◆ ◆ ◆ ◆

```
g  r  ù  à  ū  z  u  ò  e  v  l
j  i  ā  a  ū  w  ǒ  m  e  n  o
f  à  u  à  h  ì  c  z  á  ū  h
Z  h  ō  n  g  g  u  ó  w  ǒ  y
ā  d  ō  n  g  x  i  t  p  ǔ  è
ě  f  à  n  g  u  ǎ  n  ò  j  m
ā  ǔ  d  u  ì  b  u  q  ǐ  k  ú
g  s  d  ě  s  h  ǎ  o  r  d  ē
ū  ü  ù  g  ō  n  g  z  u  ò  ī
x  g  z  ě  n  m  e  y  à  n  g
n  y  n  f  ǔ  ò  b  ē  i  z  i
```

中文找字游戏 (109)

All HSK1

椅子 (yǐ zi)   做   (zuò)

买   (mǎi)   她   (tā)

电影 (diànyǐng)   能   (néng)

好   (hǎo)   开   (kāi)

九   (jiǔ)   哪   (nǎ)

些   (xiē)   医生 (yīshēng)

◆ ◆ ◆ ◆ ◆ ◆ ◆ ◆ ◆ ◆ ◆ ◆ ◆ ◆ ◆

```
z k ā i n a ǔ g y ō é
n w ū u u i d à ǐ ǔ ü
b ü s r j i ǔ s m ō u
v o ě n z q ü ǐ è l è
y r o d ù h ǎ o r l p
d n é n g ā w ú m ǎ i
x i ē z u ò ǎ ò ì ü é
ǒ d e ù t y ǐ z i u d
ú ò ǔ t ā ǔ h ī n ǎ ù
x x c d i à n y ǐ n g
d l ò o y ī s h ē n g
```

中文找字游戏 （110）

All HSK1

听 (tīng)		茶 (chá)	
谁 (shéi)		二 (èr)	
年 (nián)		大 (Dà)	
喝 (hē)		打电话 (dǎdiànhuà)	
这儿 (zhèr)		多 (duō)	
同学 (tóngxué)		有 (yǒu)	

◆ ◆ ◆ ◆ ◆ ◆ ◆ ◆ ◆ ◆ ◆ ◆

```
t ī n g ű ű i é ǔ b ō
z m ű b D à f ǔ e ó o
ē k a i t ó n g x u é
y ē h ǐ ü y ǒ u a ǐ ò
e t b n k p k ú t è r
p h ē i ō ì a s ǒ t l
ǒ z h è r á ù ú o ē é
ǒ ō ē ù n i á n ò ù ò
q d ǎ d i à n h u à á
w s h é i ü n m c h á
d u ō è z ǒ ù n f i à
```

中文找字游戏 (111)

All HSK1

喂 (wèi)   了 (le)

猫 (māo)   时候 (shí hou)

哪儿 (nǎr)   北京 (Běi jīng)

块 (kuài)   去 (qù)

的 (de)   想 (xiǎng)

个 (gè)   这 (zhè)

◆ • ◆ • ◆ • ◆ • ◆ • ◆ • ◆ • ◆ • ◆ • ◆ •

```
s  x  l  e  b  t  è  ǒ  z  h  è
ǔ  x  i  ǎ  n  g  s  o  ò  r  k
w  è  i  q  ù  x  h  ü  n  ǎ  r
h  ù  o  í  ó  ǒ  à  d  e  è  ù
b  ù  ē  e  B  ě  i  j  ī  n  g
ǐ  ǔ  ú  ú  b  p  ě  h  q  ò  ō
à  ǐ  t  k  u  à  i  i  ě  ě  t
ā  ū  ó  ō  h  ū  o  ú  ǎ  g  è
q  m  è  ù  s  h  í  h  o  u  v
è  ě  ō  m  ǎ  ó  m  ā  o  ì  ǎ
ǒ  ù  ú  ā  g  n  j  f  ū  d  ú
```

111

中文找字游戏 （112）

All HSK1

本 (běn)　　　　下午 (xiàwǔ)
你 (nǐ)　　　　漂亮 (piàoliang)
今天 (jīntiān)　　岁 (suì)
没关系 (méiguānxi)　没 (méi)
在 (zài)　　　　学校 (xuéxiào)
下雨 (xiàyǔ)　　热 (rè)

◆　◆　◆　◆　◆　◆　◆　◆　◆　◆　◆　◆　◆

```
w  z  ǔ  x  i  à  y  ǔ  q  e  ì
y  x  u  é  x  i  à  o  ü  ì  ó
ó  ú  u  j  ī  n  t  i  ā  n  ò
ī  m  é  i  g  u  ā  n  x  i  x
á  e  w  b  ě  n  è  s  u  ì  d
r  è  é  d  é  p  í  z  à  b  ě
n  ǐ  d  o  e  w  ű  f  m  é  i
á  g  z  à  i  ű  w  ú  s  m  ū
x  i  à  w  ǔ  á  ū  ō  i  c  y
j  j  ǒ  ī  b  b  d  à  m  d  á
ó  ǔ  p  i  à  o  l  i  a  n  g
```

All HSK1

吃 (chī)		电脑 (diànnǎo)	
书 (shū)		四 (sì)	
十 (shí)		说话 (shuōhuà)	
星期 (xīngqī)		冷 (lěng)	
六 (liù)		五 (wǔ)	
三 (sān)		人 (rén)	

◆ ◆ ◆ ◆ ◆ ◆ ◆ ◆ ◆ ◆ ◆ ◆

```
ǐ  ī  à  ü  y  e  ā  s  ā  n  ē
ǐ  é  à  ē  z  à  l  i  ù  w  ǔ
ū  ù  x  ī  n  g  q  ī  ù  ū  g
h  ū  é  w  ǔ  k  à  l  ě  n  g
y  o  ā  s  h  í  ǐ  c  h  ī  h
ú  l  é  ā  d  i  à  n  n  ǎ  o
r  é  n  b  g  ō  p  o  ǔ  ǔ  ǎ
d  í  é  ǎ  ō  ū  g  j  ó  è  d
e  s  h  u  ō  h  u  à  l  ù  ō
s  ǔ  s  ǔ  f  f  s  ì  s  h  ū
ó  s  x  ū  ō  ò  í  ú  ú  é  ò
```

中文找字游戏 (114)

All HSK1

昨天 (zuótiān)   吗 (ma)

衣服 (yīfu)   妈妈 (māma)

出租车 (chūzūchē)   那儿 (nàr)

明天 (míngtiān)   零 (líng)

水 (shuǐ)   怎么 (zěnme)

八 (bā)   小 (xiǎo)

◆ ◆ ◆ ◆ ◆ ◆ ◆ ◆ ◆ ◆ ◆ ◆ ◆ ◆ ◆

```
è m ā m a ū ǐ n à r x
ò w é i ú í q ú ǐ ú q
z ě n m e ī ì é q ì u
d ā ò ì l í n g ì q ò
c h ū z ū c h ē ǔ ō m
ǔ ǔ p m í n g t i ā n
ò q ǐ y ī f u ǔ z ū è
d í r e ā l ì i ǔ ū ù
j s h u ǐ í ā m a c ē
w p è ǒ x i ǎ o t b ā
a z u ó t i ā n f ù í
```

中文找字游戏 (115)

All HSK1

医院 (yī yuàn)   睡觉 (shuì jiào)

回 (huí)   呢 (ne)

前面 (qián mian)   里 (lǐ)

菜 (cài)   学生 (xué sheng)

叫 (jiào)   和 (hé)

老师 (lǎo shī)   月 (yuè)

◆ ◆ ◆ ◆ ◆ ◆ ◆ ◆ ◆ ◆ ◆ ◆ ◆ ◆

```
ā  è  ī  h  h  h  ù  o  ā  ǜ  í
x  o  l  ǎ  o  s  h  ī  ü  l  ù
g  v  c  s  h  u  ì  j  i  à  o
n  e  é  ǔ  d  j  i  à  o  j  t
x  u  é  s  h  e  n  g  é  è  q
v  m  ò  f  u  c  ǐ  a  w  l  ǐ
ù  z  ì  ē  ā  ǔ  ǐ  h  é  ō  s
ū  ú  q  y  ī  y  u  à  n  k  l
q  i  á  n  m  i  a  n  ò  é  é
z  l  h  u  í  u  ü  ü  ǔ  s  ě
c  à  i  b  u  y  u  è  d  ǎ  ǐ
```

中文找字游戏 (116)

All HSK1

喜欢 (xǐhuān)   再见 (zàijiàn)

苹果 (píngguǒ)   桌子 (zhuōzi)

那 (nà)   先生 (xiānsheng)

女儿 (nǚér)   什么 (shénme)

日 (rì)   认识 (rènshi)

爱 (ài)   不客气 (búkèqi)

◆ ◆ ◆ ◆ ◆ ◆ ◆ ◆ ◆ ◆ ◆ ◆ ◆ ◆ ◆

```
ā  a  ü  z  á  í  h  ù  z  ù  x
r  è  n  s  h  i  ǔ  ù  o  ū  ǔ
á  ǐ  p  ú  b  ú  k  è  q  i  c
n  à  k  p  í  n  g  g  u  ǒ  ǘ
u  n  ǚ  é  r  ǔ  o  c  à  i  ì
ǐ  v  r  a  á  z  c  t  ü  j  z
r  ě  m  ò  ū  x  ǐ  h  u  ā  n
q  y  ī  ǘ  ǒ  s  h  é  n  m  e
w  ú  r  ì  z  à  i  j  i  à  n
é  ù  ě  m  z  z  h  u  ō  z  i
x  i  ā  n  s  h  e  n  g  c  k
```

中文找字游戏 (117)

All HSK1

会　(huì)　　　　学习 (xué xí)

中午 (zhōngwǔ)　他　(tā)

分钟 (fēnzhōng)　太　(tài)

一　(yī)　　　　来　(lái)

住　(zhù)　　　　多少 (duō shao)

现在 (xiànzài)　写　(xiě)

◆　◆　◆　◆　◆　◆　◆　◆　◆　◆　◆　◆

```
s  ì  ì  t  à  i  o  t  ā  ó  k
ǐ  ù  z  l  ū  ǔ  ā  ü  ǜ  w  ē
ǐ  e  è  è  ì  ǎ  u  l  á  i  ě
d  u  ō  s  h  a  o  ú  d  m  á
ò  ū  ù  z  h  ō  n  g  w  ǔ  ā
u  r  à  x  i  ě  è  ű  í  ī  t
x  u  é  x  í  ǐ  ǎ  h  u  ì  e
f  ē  n  z  h  ō  n  g  i  p  c
ò  u  x  i  à  n  z  à  i  ò  k
ű  f  h  o  ē  s  ā  y  ī  t  v
k  l  h  z  h  ù  x  ó  h  ō  á
```

中文找字游戏 （118）

All HSK1

飞机(fēijī)　　　　　七　　(qī)

小姐(xiǎojiě)　　　　火车站(huǒchēzhàn)

上午(shàngwǔ)　　　狗　　(gǒu)

都　(dōu)　　　　　爸爸(bàba)

不　(Bù)　　　　　米饭(mǐfàn)

汉语(Hànyǔ)　　　　读　　(dú)

◆ ◆ ◆ ◆ ◆ ◆ ◆ ◆ ◆ ◆ ◆ ◆

```
á  é  k  é  é  h  ō  á  a  ǎ  v
ě  c  m  ǐ  f  à  n  ā  ǘ  ü  k
e  g  d  ú  ǎ  H  à  n  y  ǔ  ǎ
g  ǒ  u  é  ū  B  ù  è  d  ú  l
l  w  è  h  ē  q  ī  v  q  e  ū
b  ě  r  s  h  à  n  g  w  ǔ  ū
h  u  ǒ  c  h  ē  z  h  à  n  b
ǘ  ā  g  ú  x  i  ǎ  o  j  i  ě
q  é  n  j  e  v  ō  d  ō  u  í
ā  b  à  b  a  t  v  ǜ  w  f  d
f  ē  i  j  ī  f  o  n  ǘ  g  m
```

中文找字游戏 （119）

All HSK1

儿子 (érzi)　　　电视 (diànshì)

高兴 (gāoxìng)　　朋友 (péngyou)

下 (xià)　　　　名字 (míngzi)

是 (shì)　　　　字 (zì)

看见 (kànjiàn)　　钱 (qián)

点 (diǎn)

◆ ◆ ◆ ◆ ◆ ◆ ◆ ◆ ◆ ◆ ◆ ◆ ◆ ◆

```
à d i ǎ n ò a e w ì n
à ù ī ǜ x i à g s u ō
g ā o x ì n g ō ō ǔ a
k à n j i à n b v q ǐ
z b h c g à ā v e ǐ ü
f u ā ù ü q ū é r z i
ě ú p é n g y o u g ó
ü x u e s h ì t h c a
i ù d i à n s h ì ā r
ú ó p o q i á n à ī g
ǒ z ì á m m í n g z i
```

中文找字游戏（120）

All HSK1

朋友 (péngyou)　　点 (diǎn)

下 (xià)　　儿子 (érzi)

电视 (diànshì)　　天气 (tiānqì)

很 (hěn)　　是 (shì)

钱 (qián)　　请 (qǐng)

谢谢 (xièxie)　　高兴 (gāoxìng)

◆　◆　◆　◆　◆　◆　◆　◆　◆　◆　◆　◆　◆　◆

```
ū  ǐ  ù  ó  ǎ  d  i  ǎ  n  á  t
s  h  ì  h  ě  n  à  h  ò  w  ì
ō  k  q  i  á  n  é  r  z  i  f
b  ò  ō  ā  w  ā  a  x  i  à  ǎ
ū  x  ù  p  x  ǒ  ǒ  ű  ǎ  h  è
q  ǐ  n  g  è  x  i  è  x  i  e
g  ā  o  x  ì  n  g  z  x  y  h
ù  y  d  i  à  n  s  h  ì  s  ű
z  ā  ü  t  i  ā  n  q  ì  w  ó
t  j  h  p  é  n  g  y  o  u  g
n  i  n  ǎ  q  g  ǒ  b  ò  ű  a
```

Puzzle (1)

可本天大小姐个
老师地还开妈妈
儿子分同学先生
爸爸想主学生了
定医生女儿这人
对生现进于都么
朋友国后着方都

Puzzle (2)

了儿子同学心定
妈妈定定医生去
会行分朋友想个
的用她那出女儿
他出小姐部老师
着么成出学生法
中先生动人爸爸

Puzzle (3)

rěíxīrénlvq
tàyīshēngxq
xuěāxiǎojiě
ūièìmāmaeps
bopényouǎē
xiānshēngàō
dūpxǔlǎoshī
dìkpùyǒtsúě
otsérzibàba
nǔértóngxué

Puzzle (4)

个日人现在实年
也中午对就今天
家昨天作得星期
下午定你你同因
个明天时候心面
也的大小我月说
面都了可上午以

Puzzle (5)

还了中午想昨天
上午时候出本用
没点开没现在经
日他从子下午事
前中如而成开年
下其个分钟月同
国星期所小然里

Puzzle (6)

下午事然主分钟
但现在本样昨天
下其前多和部月
到我日上午他心
自也她些中午前
年时候只今天面
出星期因一一过

Puzzle (7)

年今天个月星期
时候到一上午小
所点来来昨天一
于人日经现后因
前起样中午一然
其自于后明天可
人而分钟可动就

Puzzle (8)

ìācxiànzàiì
ěbaěīkíyuèv
izxīnggīlcw
mìǔīxiàwǔzò
wédiǎnēūōáá
dǔzuótiānǎ
nzhōngwǔāh
fēnzhōngzú
īúáadùniáno
xúshíhouksj

Puzzle (9)

pvíìxiàwǔpe
uàfēnzhōngá
ǐmzèrìīóvě
cxiànzàirmě
éfkǔūjódiǎ
émùmíngtiā
imrùniánāi
dyuèushíhou
ūmǔxīngqīǔ
àzzhōngwǔzǔ
rzuótiāndō

Puzzle (10)

前就椅子自实没
样有到好电影同
用桌子实后飞机
衣服杯子出就要
事同电脑小可动
在于也出租车那
发分电视实所从

Puzzle (11)

生从面说发电脑
样实不主当那动
他种杯子桌子后
电影衣服到前着
下都电视成方就
只椅子飞机进如
部本因于出租车

Puzzle (12)

ühfēijīhēúǒ
ùìbēiziümflp
érhūzūchēā
rbǔùdiànnǎ
īzǐūóqdèǔō
xúmoeìyǐzi
xōpvdiànshì
ǔūōqùìèbù
ūdéúxyīfu
kzhuōziaùl

121

Puzzle (13)
九 就 在 然 现 道 零
自 六 过 定 实 会 方
对 四 这 十 用 定 三
有 进 可 着 八 了 成
们 她 中 起 能 七 小
二 能 我 本 开 五 只
时 一 还 了 但 天 道

Puzzle (14)
个 地 多 没 我 过 然
八 说 到 五 本 只 然
九 学 上 事 面 这 当
之 来 要 还 十 会 二
零 定 时 会 里 说 出
学 行 天 七 下 二 人
法 有 事 三 四 六 时

Puzzle (15)
o i ē s ā n x ò j è l
ù ǎ é s ì ǔ r m y m ě è l z
ǎ z j ù n ǔ ù g ī é ǎ
á z j ǒ u y ē ì è l a
s ū ū f g e l í n g
s h í u ǔ f d l i ù ǖ
x j i ǔ ǐ ě ò ǐ w h v
ù ù o x w ǔ p á z p u
q h ú ī y y b ā c ǔ ǎ

Puzzle (16)
能 部 他 怎 么 样 去
们 发 当 经 她 之 多
用 怎 么 你 是 来 和
因 们 谁 什 么 能 经
这 有 上 也 理 只 在
有 那 儿 我 们 面 我
大 这 儿 会 子 国 看

Puzzle (17)
得 而 道 她 要 年 前
因 他 这 儿 说 我 成
多 少 下 你 还 那 能
我 们 天 成 说 家 当
然 小 的 怎 么 哪 儿
没 怎 么 样 这 里 开
之 得 好 国 本 以 哪

Puzzle (18)
不 里 没 地 那 也 我
起 而 没 我 们 所 着
说 看 其 没 多 少 中
怎 么 样 谁 哪 得 开
她 时 哪 儿 要 只 去
分 只 这 儿 什 么 学
有 里 时 以 这 下 么

Puzzle (19)
个 方 然 地 人 发 而
样 这 定 哪 儿 要 她
下 怎 么 样 你 来 得
如 作 没 自 个 哪 不
年 他 什 么 的 我 们
里 上 中 些 小 好 谁
成 中 对 怎 么 那 儿

Puzzle (20)
z ě n m e y à n g g ǎ
ū ǎ n ǐ t z h è ā h b
ū ò ě w ǒ m e n ǎ y ū
ǐ s y n à é h n ó l ū
f ǔ m a e z ě n m e s
ě ǔ á ǐ à f í z h è r
b ǔ g d k y z v u í v f
ū z t ā ù p ō f ù g à
ò í n ǎ r s s l q ī ǒ
ǔ s h é i s ì ě ù ú j

Puzzle (21)
e l á ē y ē z h è w ǒ
z ě n m e t ǔ j m m ě
t ā k ǔ v n à r ü ū è
á ǔ o ǎ u ǎ r d e è j
j ù w ǒ m e n u o n à
b ū z d u ō s h a o ī
ǔ z t ǘ l ì l n ǎ r e u
x ī l ǐ ǔ ǖ á z ǎ ò ò
ū ō o s h é i a ò q c o
u l n ǎ é n ó ē í a j

Puzzle (22)
经 到 面 一 当 就 之
听 同 到 来 说 话 发
法 后 她 做 学 习 能
买 些 说 法 写 年 下
过 坐 她 去 是 们 行
法 年 现 本 道 他 你
开 看 见 睡 觉 住 于

Puzzle (23)
开 吃 就 定 说 她 喝
个 但 打 电 话 时 的
工 作 我 做 子 法 只
坐 叫 所 当 事 这 当
不 是 事 学 习 住 于
她 但 们 在 国 作 用
自 着 读 同 回 自 这

Puzzle (24)
能 也 如 种 出 能 天
作 也 起 工 作 心 为
生 部 来 住 国 如 如
起 小 自 个 从 喝 部
买 进 听 写 我 种 读
出 时 其 法 事 吃 但
天 看 见 去 定 开 本

Puzzle (25)

经没了有经道成
去后大到吃学习
来小但喝回当同
道没方于着而坐
种到做写而自我
在地为说话睡觉
成打电话叫可地

Puzzle (26)

b h v ù ì d ú ě q í m
l c z k f c ō ā ū á r
j ě d ǎ d i à n h u à
ā ó é ě ī o ǐ k ǔ ǔ
u d ǒ n d z h ù ù ó í
ū í ǐ k à n j i à n n
ǔ ū g ō n g z u ò m ū
t t x à ǐ ō u j i à ū
x p ē ē k p k ā i ú ǐ
ü ò ì z x i ě l á i ǔ
ú m k ǔ s r í ū m ǎ i

Puzzle (27)

e n ü i z è ǔ ǒ r m m
p ō í ǔ í ú x u é x í
s h u ì j i à o x i ě
f i o h ù ù h z ī h ù x
l ī ù ǎ j k ā i h ē s
o ē u i ì ò ě m h u í
g ǔ ò y f ǎ g ē x m ē
l n t ī n g c ǒ o í j
f ü s h u ō h u à w h
g ù e ù ǎ ō ā í ū ā w t
d c h ī ě h d ú n h w

Puzzle (28)

没关系当因分的
生自认识有会也
现喜欢之一能动
是大小里都请行
后再见法不些同
对不起地就到现
法想样去谢谢经

Puzzle (29)

些来认识想事了
定成能成发的前
小好下然不客气
些都定实不上是
没关系下有心起
去谢谢对同时爱
说再见喜欢请了

Puzzle (30)

请有天分动到爱
没实没关系能会
对了他然上是事
想认识定看小一
谢谢以起么着从
然喜欢然可家成
不客气方对不起

Puzzle (31)

爱再见认识实而
来同说着们喜欢
样同谢谢了想们
可没关系年了所
对那其子有为事
所如不客气年经
些能是得了她会

Puzzle (32)

c ò u í j ǐ ě é b s h ì
i ǔ d ú y ǒ u b ě ǔ f
z ě q r x i ǎ n g t é
l g ǐ n ē u n ǎ à i à
e ǐ ī n h u ā n b ú k è q ī
e b v ǒ b í ò x ǒ b ǒ
n é n g q t ā ǔ à h k
d u ì b u q ǐ ǔ y h g
ü s ǎ r è n s h i ǔ ǔ
ó ó x i è x i e é é ě
o á t z à i j i à n c

Puzzle (33)

ū d ó b ǔ í g ǐ n g o
u w á ü y ǒ u a x k y
x ǐ h u ā n a a ǔ u é
ā ǎ ǔ p s h ì x r s v
ō ē r è n s h i ù ò h
ǔ ú l r z à i j i à n
a e ú ě x i è x i e b
x e à n é n g à i h l
ú u í ī à ò r h u ì
v ú i d u ì b u q ī h
ó v m é i g u ā n x i

Puzzle (34)

其只衣服作天生
定昨天中国可时
也也医生学再见
子中午本她发生
对这儿那怎么他
我的怎么样椅子
想桌子在发医院

Puzzle (35)

先生谢谢可现天
过前去面后那国
喜欢星期有我们
在小小姐于学校
学生现在同和分
经是下午为下雨
样有些学习是去

Puzzle (36)

说话同漂亮睡觉
前有当从商店些
出想从上同学因
经些上午进时候
对从天气了你想
什么着么去苹果
认识起前面前当

Puzzle (37)

事得<u>哪儿</u>年<u>看</u>她
一时<u>看</u><u>没关系</u>子
<u>老师</u>会<u>自行</u><u>看见</u>
行里然<u>名字</u><u>女儿</u>
<u>明天</u><u>朋友</u>自<u>米饭</u>
<u>今天</u><u>那儿</u><u>家</u><u>妈妈</u>
进么年其行部说

Puzzle (38)

<u>对不起</u>小<u>高兴</u>生
有自其上上天自
<u>工作</u>行小<u>多少</u>而
就<u>飞机</u>有<u>分钟</u>说
<u>东西</u>但理<u>电影</u>那
<u>饭馆</u>是<u>火车站</u>到
<u>儿子</u>他样后<u>汉语</u>

Puzzle (39)

大<u>出租车</u>为<u>电视</u>
然<u>不客气</u><u>火车站</u>
<u>北京</u>和起还<u>爸爸</u>
然但来<u>高兴</u><u>工作</u>
如<u>杯子</u><u>打电话</u>子
到大来就事自还
没<u>些</u><u>汉语</u>出<u>电脑</u>

Puzzle (40)

只分<u>火车站</u><u>时候</u>
经动<u>电视</u><u>对不起</u>
<u>怎么样</u><u>名字</u>没定
但<u>学习</u>进作<u>谢谢</u>
看大下而<u>朋友</u>里
<u>小姐</u>过到<u>商店</u>上
经<u>星期</u>来大本好

Puzzle (41)

么说<u>睡觉</u>着来理
们<u>桌子</u>行但<u>前面</u>
子<u>椅子</u>在方<u>喜欢</u>
<u>电脑</u>出<u>爸爸</u>发要
这行一定主想于
什么<u>下雨</u><u>现在</u>地
就<u>衣服</u><u>不客气</u>你

Puzzle (42)

因<u>电影</u>经<u>同学</u>动
这<u>再见</u>而对<u>先生</u>
<u>高兴</u><u>东西</u>本大下
实<u>上午</u>法心只里
学所<u>女儿</u><u>哪儿</u>然
<u>儿子</u>前因<u>学生</u>事
<u>昨天</u>下当上个以

Puzzle (43)

年主<u>那儿</u>去<u>妈妈</u>
<u>米饭</u>动自之<u>怎么</u>
后<u>中国</u><u>认识</u>也前
得自<u>飞机</u>子因面
<u>下午</u>因<u>自动</u><u>医院</u>
本的后<u>医生</u>你的
<u>打电话</u>部<u>杯子</u>所

Puzzle (44)

也当<u>天气</u><u>漂亮</u>不
要这他<u>中午</u>些定
起出一<u>我们</u>为本
家实而自成<u>分钟</u>
<u>出租车</u>的<u>北京</u>事
<u>老师</u>对<u>今天</u><u>多少</u>
<u>饭馆</u>国地<u>没关系</u>

Puzzle (45)

主些如<u>汉语</u>着事
学好<u>饭馆</u><u>说话</u>对
心到<u>明天</u><u>这儿</u>种
<u>北京</u>现部<u>苹果</u>个
理<u>看见</u><u>学校</u>会心
以家<u>漂亮</u>小开个
天<u>工作</u><u>没关系</u>所

Puzzle (46)

```
ī ǒ ǐ z z à i j i à n
s h u ì j i à o c ā ī
s ī z ě n m e y à n e s
ǔ x i à n z à i m ā s
v i d i à n n ǎ o e z
t d u ì b u q ǐ h ì l
s h à n g w ǔ ù ó è d
w h u ǒ c h ē z h à n
ǘ f ē n z h ō n g ō n
í y ǐ z i l ǎ o s h ī
```

Puzzle (47)

```
t j x i ǎ o j i ě é ú
b x i à y ǔ ǒ ǔ ǚ ā g
ǔ n ǔ é r ò a l f s e
d ō n g x i f ē i j ī
h Z h ō n g g u ó y a
v ǔ h x u é x í a h è
r ū í y ī y u à n a h
s í ō ǔ ǒ ǚ z h è r f
m é i g u ā n x i ǔ ù
b ē i z i ū ō ē h k ǎ
ī f ǒ x u é s h e n g
```

Puzzle (48)

```
ǘ c h ū z ū c h ē s o
ú l j ī n t i ā n q y i
o t i ā n q l i è r z i u
z h ō n g w ǔ ǐ ǐ h ū
ǔ ě m ā m a ǐ ū s è o
ǒ ǎ p z ě n m e u è ū
s h í h o u ǘ l ǔ l ù
ǔ d u ō s h a o d ù p
í t m í n g z i f ú n
d ǎ d i à n h u à c
k r x i ā n s h e n g
```

Puzzle (49)

```
i d i à n s h ì ā n
t ó n g x u é t ú s l
l x i è x i e ù ǐ x ù
g x ǐ h u ā n ē ī à z
j s h é n m e i p w g
k à n j i à n d f ē m
s h ā n g d i à n t f
p x i à w ǔ y ī f u ì
p b ú k è q i á ū b h
p i à o l i a n g x ē
c n ǎ r p ě o m à ú k
```

Puzzle (50)

```
ú r g ā o x ì n g ó q
ǔ i v ě B ě i j ī n g
ā s h u ō h u à è n ǎ
m p í n g g u ǒ d ǒ v
x z q i á n m i a n s ì
á y ǐ j x u é x i à o
ó z z u ó t i ā n á s
í n ē x ī n g q ī r è
u z h u ō z i ó é i n
f q ō w ǒ m e n t u t
```

Puzzle (51)

```
ē d n ū s h u ō h u à
o ù ū B ě i j ī n g g
ě e ū H à n y ǔ ì w
w e f ē r è n s h i ǔ h
ū ū ǔ m ǐ f à n ù y è
x y m í n g t i ā n
ū w ē ē í è b à b a ǎ
v ù f à n g u ǎ n à r
g q i á n m i a n s y
ù w u ē y ī s h ē n g
```

Puzzle (52)

```
道去当月下中午
之昨天桌子起都
其时用得个得的
主家医院她自的
椅子衣服学生分
星期字学学校当
我上医生后了只
```

Puzzle (53)

```
有但主是没书理
些年小姐没如要
作对和先生中时
时候只后些商店
法这日下午水心
学天气上午然有
个小学同学现在
```

Puzzle (54)

```
我前面年当明天
作我之发中那猫
其发女儿米饭为
钱朋友她从在有
出下看人想妈妈
名字可发心苹果
成事实于要的方
```

Puzzle (55)

```
面出老师么子会
从儿子飞机子本
饭馆可个来的没
天里也要可家发
分钟现种今天发
汉语东西火车站
实狗不同还没用
```

Puzzle (56)

```
部电视里得同地
不不爸爸来菜大
老师北京点作家
电影们不杯子有
而看从地电脑其
子出租车多方茶
同人是出过都种
```

Puzzle (57)

```
些现在和飞机是
如理能于钱他方
家出上中午里面
她用星期用时候
可儿子对在一然
没过前面生名字
国中国作小姐着
```

Puzzle (58)

```
前作以为们而人
年过医院大如家
火车站同学面从
之一只得菜动上
下午你事心书到
在椅子分那地都
饭馆北京女儿发
```

Puzzle (59)

```
地方于汉语妈妈
他点国茶也上也
之部今天爸爸出
之面猫你东西上
能还自实也桌子
杯子学校天出为
生着法其明天也
```

Puzzle (60)

```
于医生字米饭而
电影分衣服然多
昨天里没过生了
成之里上午开还
因朋友理老师多
天气到家了得狗
后因么家先生后
```

Puzzle (61)

```
出 租 车 昨 天 月 他
日 的 他 去 学 生 对
发 道 到 电 视 衣 服
出 因 小 都 看 在 都
苹 果 商 店 地 来 个
和 电 脑 法 想 一 然
分 钟 水 国 没 当 分
```

Puzzle (62)

```
q p í n g g u ǒ ě l
ī z u ó t i ā n í f g
c à g v ì n ǔ ě r é
d é y ī s h ē n g w v
ü á i ò f à n g u ǎ n
ō è c h á y ī y u à n
y ǎ u ó v é r z i ě á
v ó ǒ c h ū z ū c h ē
ì ó g ǒ u d a d c ū r
i z z r ì í w ǔ b y ǔ
k ū w q i á n m i a n
```

Puzzle (63)

```
o b e ì d ō n g x i ǒ
ǔ d z m ǐ f à n à o r
ú ò z t i ā n q i o r í
w s a z x i à w ǔ á í
q c ǒ i n à ě w ù z ì í
o o d i à n n ǎ o h ì
ǔ f ù ǔ ǔ s b à b a ǎ
ǒ ī x ī n g q i a u t
l ǐ r ù ǒ y à à s h u
h u ǒ c h ē z h à n v
```

Puzzle (64)

```
t ō x i ǎ o j i ě ú s
z h ō n g w ǔ i c à i
ī h k ó u j t k o r í
z ù x i p é n g y o u
s ō é ì x u é x i à o
q b ē i z i ù y ī f u
d ǐ m q i á n ī è è g
ó è z z h u ō z i a c g
u g p m ā m a b ǒ t w
ó ī H à n y ǔ s p f è
á ō ē ū x i à n z à i
```

Puzzle (65)

```
ú x p ù d i ǎ n g ǎ c
u ù p ē ǔ ǐ w n i á n
ò q i ǔ ú y ǐ z i ō f
x i ā n s h e n g ō u
n l k ā ě q e u ū u ǐ
ǐ m ā o t ó n g x u é
e v ě g ì ǒ ǐ v á ě
ō f ē i j ǐ z j i ā e
y l k ǒ j ī n t i ā n
r é n x s h í h o u p
w a ǔ l ǎ o s h ī z j
```

Puzzle (66)

```
ù s h u ǐ ǒ d ē a ū t
y f ē n z h ō n g e p
ǔ j b d B ě i j ī n g
ū ā ū y u è u ǔ ǔ ō ě
ǎ k ǔ s h à n g w ǔ à
ī b b x u é s h e n g
ā l ǎ o s h ī j i ā o
ě k m í n g t i ā n
ǔ d s h à n g d i à n
m í n g z i v z z z ǔ
d i à n s h ì ù r ǔ í
```

Puzzle (67)

```
下 过 们 起 住 谢 谢
同 我 那 国 再 见 看
人 喜 欢 于 道 学 学
动 心 有 部 会 做 部
但 多 用 他 的 本 起
定 能 学 习 写 都 理
分 坐 经 想 现 种 听
```

Puzzle (68)

```
因 是 事 自 看 见 动
现 然 和 法 动 天 地
作 多 买 睡 觉 分 分
去 有 实 年 请 生 实
开 后 都 然 说 话 叫
会 因 理 作 就 后 那
种 来 理 没 关 系 能
```

Puzzle (69)

```
本 主 不 客 气 子 不
对 不 起 读 能 生 用
会 睡 觉 下 工 作 回
大 对 吃 爱 起 说 话
是 样 道 道 喝 地 你
想 打 电 话 法 以 同
现 个 们 了 事 中 自
```

Puzzle (70)

```
再 见 喜 欢 而 请 去
时 以 学 同 对 不 起
但 样 大 其 为 下 行
天 然 吃 叫 住 过 个
大 定 心 定 买 方 行
部 有 不 打 电 话 我
道 开 没 多 中 而 方
```

Puzzle (71)

```
读 大 要 子 种 下 了
来 部 坐 动 因 上 多
作 如 行 然 看 会 学
前 想 一 和 就 心 一
能 不 客 气 没 关 系
没 种 里 工 作 看 见
听 分 家 是 和 自 我
```

Puzzle (72)

```
睡 觉 地 些 她 之 出
经 我 行 和 读 和 部
喝 部 她 大 得 想 他
爱 而 回 年 有 听 得
多 学 习 看 成 谢 谢
起 子 用 动 下 说 话
所 实 方 发 方 写 做
```

Puzzle (73)

```
b ū k w s x x u é x í
ú ū p f f k ā i s h ì
m ü s x i è x i e é z
á j ǚ ǘ m á ò ǔ c ā h
e x i à ò j f ū w ā e
ó d ú ī n ó í ü c g s
ū ü h ē é ǒ ǘ ì q ò q
n x c q ù a i n ǎ ó ā
u n u x ǐ h u ā n s j
á è u l l y l g á ì h
y ǒ u j i à o ō p j z
```

Puzzle (74)

```
o s h u ì j i à o ǎ ù
z h ù ù ō l á i p ī ē
ǎ ì ǚ è o ā k ū ù ē ó
ū k à n j i à n u f w
ū v ǖ ē x i ě ò ò ù ì
h u ì t t ǔ c h ī ā ī
d à g ō n g z u ò t s
ǎ u x m d u ì b u g ǐ
j q m é i g u ā n x i
ū j ō ē u t ī n g o ì
ǔ u ó ǘ q ǐ n g u à ú
```

Puzzle (75)

```
à ě l ě ō k s k ǔ ú é
ú h u í x x i ǎ n g è u
ò s h u ō h u à x y f
ü ò ó j í y j m ǎ i m
á ú é à z à i j i à n
s d ǎ d i à n h u à e
ū ú ē ǔ ó z t ī n g ě
z ǔ ǔ h q ì ō l á i
m f ǔ z u ò ò ù f ì d
a ú ǐ j ǐ x i ě à m w
ó b ú k è q i ú n ǒ r
```

Puzzle (76)

```
而 当 们 冷 事 好 不
热 本 从 心 心 但 们
太 高 兴 事 其 你 还
她 没 分 作 法 来 一
多 大 但 从 行 很 为
在 能 因 生 为 都 少
下 小 漂 亮 动 他 作
```

Puzzle (77)

```
高 兴 热 天 当 实 好
太 在 中 那 本 实 经
分 开 面 对 少 你 小
就 不 发 多 很 在 就
种 分 道 如 于 都 于
子 为 然 如 于 以 以
后 冷 以 漂 亮 中 所
```

Puzzle (78)

```
些 得 大 就 下 作 事
漂 亮 地 种 下 事 太
动 多 部 家 行 没 样
少 热 那 起 个 在 之
为 行 年 上 高 兴 这
不 和 好 很 中 国 年
对 都 用 小 主 年 冷
```

Puzzle (79)

```
小 和 作 些 大 人 现
从 和 了 事 也 那 你
下 因 多 同 很 地 么
天 如 太 动 少 用 不
说 高 兴 好 热 后 有
是 得 动 起 们 冷 事
可 漂 亮 进 在 们 道
```

Puzzle (80)

```
x i ǎ o í o ì í u v ī
D à v g ā o x ì n g í
à j k b ǚ l ě n g ǔ ǔ
r è ó d ò u ǔ ū à ó ú
é ú d ō u ǘ l j ǒ h ě n
ú ó x b l ú l e h ě n
s h ǎ o ǚ ī v m ì z ā
ǔ p p i à o l i a n g
ǔ q k t r à h h ǎ o f u
ū x t à i w s s ǔ f ū
x b ǔ j é B ù f ó ē t
```

Puzzle (81)

```
ò ú z ǒ m t à i h ǎ o
ǎ j r a b ō a B ù d ò
t ǔ ǎ ī d u ō q c ǎ s
ü q o v r è ó s d ō u
x i ǎ o w o w s h ǎ o i
l á x ǐ ē z y D à ǔ ú
à y g ā o x ì n g u ó
ü í b ǎ a f e g l á i
l x i è y m f g ò n t
p i à o l i a n g h v
ē d k s s ú ē ù h ě n
```

Puzzle (82)

```
大 中 国 做 学 中 午
这 儿 了 从 字 也 来
有 然 开 地 不 有 年
时 坐 种 怎 么 样 法
和 昨 天 一 自 这 就
同 事 主 住 得 下 进
怎 么 大 了 说 桌 子
```

Puzzle (83)

```
不 月 前 和 经 医 院
这 椅 子 定 学 习 多
得 那 有 以 要 定 前
过 那 这 学 校 在 出
之 们 学 道 要 着 会
学 生 再 见 还 主 也
一 衣 服 要 用 医 生
```

Puzzle (84)

```
而 会 写 下 雨 好 里
分 时 家 下 些 为 能
小 一 小 姐 不 定 一
人 下 午 得 想 先 生
从 种 都 你 了 种 子
星 期 谢 谢 实 你 会
定 现 在 子 年 看 为
```

同学为家岁心没
子她去当以来子
心听是为作种主
但喜欢他我发不
子去于面五天气
也小不可主法现
出大太我们喂成

的为法是经少大
说话但谁上午书
要只同可面那其
主他会可水四自
作时候成士只如
定睡觉也子人他
如时于多成什么

为分定分出自动
们本里起三有在
来家对日过实会
在认识七前面对
还实去然钱前分
苹果请商店得们
种人心多热主样

法经还为哪儿国
漂亮于来但方得
都动都而没那儿
想有面那能呢哪
会你可女儿有年
经看名字就本是
就上有面朋友得

米饭学会这但分
因种来出没关系
法法妈妈着他前
六其买没们但如
实进同吗用们上
零里那冷时要可
都于实明天行猫

都后动今天起面
前来着看了他上
火车站行开看事
叫所只九面小想
进块看见和都里
国有家后会起可
都同老师是主而

家着多他看很当
个汉语飞机所的
为来分定回想没
国高兴学以为之
里都从分钟要要
来工作喝想子和
法我从开些狗好

电脑来行然动她
得主大多少中实
能为方成电影说
法饭馆国要而都
之儿子多这东西
没而二发来电视
时对不起如而读

心茶们大起了定
这为你出租车吃
能但打电话的种
发看道他个会菜
同他但点家不事
行不客气经本人
也北京说面这还

以之打电话用理
能爱家茶子里子
分八么杯子点去
样能菜她他有成
只去的了多不么
我出租车样理大
爸爸得学中成吃

种对不起这儿有
能去多和理对能
本因时方的动要
发出们茶没再见
电影学生分先生
下雨之出当国下
在主可就时理是

都对时朋友人法
定你七心听和道
多了十家个里理
道衣服看见道下
多个苹果中国大
动好们样但出少
当种没有二我多

Puzzle (97)

还哪火车站高兴
面动那叫些什么
医生椅子理同时
打电话也生其然
到前岁会在星期
上在到为之着六
我对中大心但成

Puzzle (98)

动着出租车小姐
的喝同书中午想
然心多不水工作
实国年子作出过
动动的点北京去
其本菜中国怎么
时所所只都为后

Puzzle (99)

得喂子中分前面
八和分名字下午
一行桌子行饭馆
面你本如没能多
于当他飞机也只
而的们会么钱所
会电视里漂亮得

Puzzle (100)

些面热写道为心
样那都没以主学
想因着动前心所
动以哪儿本电脑
读下那儿会只地
经起么女儿下能
三过小狗和现猫

Puzzle (101)

妈妈时心主部前
个爸爸我请年本
和好发法得其可
会得说进后作那
于行会同学里作
想月方是会老师
然学用种昨天成

Puzzle (102)

生还中前其多少
同汉语里医院他
里到就米饭来人
没谁五用经你能
零成谢谢和有本
回看理部认识么
部用小些经那从

Puzzle (103)

这的我们我为为
现从样看下主主
杯子那实买要九
实块是生得之学
现行后儿子不住
经不怎么样她多
些能分会爱经在

Puzzle (104)

为大了定学的想
他我里上午如然
开些起喜欢学习
好学多东西一学
今天进太都家她
样吗本种只为于
没关系那所天气

Puzzle (105)

四不客气理方没
但呢过当所种做
他生就日主起不
然睡觉开同地动
多和大所行都上
过也着进现在但
大这的说说还人

Puzzle (106)

子那分钟学校开
你我发大只人中
现吃行面主坐不
商店小在于发的
过她过以么没进
得发上出从说话
用时候明天来冷

Puzzle (107)

心子一以吃学校
样实进一个坐自
看用于些很分你
家事生同面但动
这会当开她时候
那看于商店去于
于其现道字分钟

Puzzle (108)

```
g   r   ù   a   ū   z   u   ò   e   v   l
j   i   a   u   ū   z   w   ǒ   m   e   n   o   h
f   à   u   a   h   ì   c   z   á   ū
Z   ā   h   ō   n   g   g   u   ó   w   ǒ   y   e
ě   f   à   n   g   u   a   n   ò   j   m
ā   ǔ   d   u   ì   b   u   q   ǐ   k   ú
g   ü   ü   ù   g   e   n   z   u   ò   i
x   g   z   e   n   m   e   y   à   n   g   i
n   y   n   f   ǔ   ò   b   e   i   z   i
```

Puzzle (109)

```
z k ā i n a ǔ g y ō é
n w ū u u i d à ǐ ǔ ü
b ü s r j i ǔ s m ō u
v o ě n z q ü ǐ è l è
y r o d ù h ǎ o r l p
d n é n g ā w ú m ǎ i
x i ē z u ò ǎ ò ì ü é
ǒ d e ù t y ǐ z i u d
ú ò ǔ t ā ǔ h ī n ǎ ù
x x c d i à n y ǐ n g
d l ò o y ī s h ē n g
```

Puzzle (110)

```
t ī n g ű ű i é ǔ b ō
z m ű b D à f ǔ e ó o
ē k a i t ó n g x u é
y ē h ǐ ü y ǒ u a ǐ ò
e t b n k p k ú t è r
p h ē i ō ì a s ǒ t l
ǒ z h è r á ù ú o ē é
ǒ ō ē ù n i á n ò ù ò
q d ǎ d i à n h u à á
w s h é i ü n m c h á
d u ō è z ǒ ù n f i à
```

Puzzle (111)

```
s x l e b t è ǒ z h è
ǔ x i ǎ n g s o ò r k
w è i q ù x h ü n ǎ r
h ù o í ó ǒ à d e è ù
b ù ē e B ě i j ī n g
ǐ ǔ ú ű b p ě h q ò ō
à ǐ t k u à i i ě ě t
ā ū ó ō h ū o ú ǎ g è
q m è ù s h í h o u y
è ě ō m ǎ ó m ā o ì ǎ
ǒ ù ú ā g n j f ū d ű
```

Puzzle (112)

```
w z ǔ x i à y ǔ q e ì
y x u é x i à o ü ì ó
ó ú u j ī n t i ā n ò
ī m é i g u ā n x i x
á e w b ě n è s u ì d
r è é d é p í z à b ě
n ǐ d o e w ú f m é i
á g z à i ű w ú s m ū
x i à w ǔ á ū ō i c y
j j ǒ ī b b d à m d á
ó ǔ p i à o l i a n g
```

Puzzle (113)

```
ǐ ī à ü y e ā s ā n ē
ǐ é à ē z à l i ù w ū
ū ù x ī n g q ī ù ū g
h ū é w ǔ k à l ě n g
y o ā s h í ǐ c h ī h
ű l é ā d i à n n ǎ o
r é n b g ō p o ǔ ǔ ǎ
d í é ǎ ō ū g j ó é d
e s h u ō h u à l ù ō
s ǔ s ǔ f f s ì s h ū
ó s x ū ō ò í ú ú é ò
```

Puzzle (114)

```
è m ā m a ū ǐ n à r x
ò w é i ú í q ú ǐ ú q
z ě n m e ī ì é q ì u
d ā ò ì l í n g ì q ò
c h ū z ū c h ē ǔ ō m
ǔ ǔ p m í n g t i ā n
ò q ǐ y ī f u ǔ z ū è
d í r e ā l ì i ǔ ū ù
j s h u ǐ í ā m a c ē
w p è ǒ x i ǎ o t b ā
a z u ó t i ā n f ù í
```

Puzzle (115)

```
ā è ī h h h ù o ā ù í
x o l ǎ o s h ī u l ù
g v c s h u ì j i à o
n e é ǔ d j i à o j t
x u é s h e n g é è q
v m ò f u c ǐ a w l ǐ
ù z ì ē ā ǔ ǐ h é ō s
ū ú q y ī y u à n k l
q i á n m i a n ò é é
z l h u í u ü ü ǔ s ě
c à i b u y u è d ǎ ǐ
```

Puzzle (116)

```
ā a ü z á í h ù z ù x
r è n s h i ǔ ù o ǔ ǔ
á ǐ p ú b ú k è q i c
n à k p í n g g u ǒ ú
u n ǔ é r ǔ o c à i ì
ǐ v r a á z c t ü j z
r ě m ò ū x ǐ h u ā n
q y ī ú ǒ s h é n m e
w ú r ì z à i j i à n
é ù ě m z z h u ō z i
x i ā n s h e n g c k
```

Puzzle (117)

```
s ì ì t à i o t ā ó k
ǐ ù z l ū ǔ ā ū ù w ē
ǐ e è è ì ǎ u l á i ě
d u ō s h a o ǔ d m á
ò ū ù z h ō n g w ǔ ā
u r à x i ě è ű í ī t
x u é x í ǐ ǎ h u ì e
f ē n z h ō n g i p c
ò u x i à n z à i ò k
ű f h o ē s ā y ī t v
k l h z h ù x ó h ō á
```

Puzzle (118)

```
á é k é é h ō á a ǎ v
ě c m ǐ f à n ā ű ü k
e g d ú ǎ H à n y ǔ ǎ
g ǒ u é ū B ù è d ú l
l w è h ē q ī v q e ǔ
b ě r s h à n g w ǔ ū
h u ǒ c h ē z h à n b
ǔ ā g ú x i ǎ o j i ě
q é n j e v ō d ō u í
ā b à b a t v ǔ w f d
f ē i j ī f o n ű g m
```

Puzzle (119)

```
à d i ǎ n ò a e w ì n
à ù ī ù x i à g s u ō
g ā o x ì n g ō ō ǔ a
k à n j i à n b v q ǐ
z b h c g à ā v e ǐ ü
f u ā ù ü q ű é r z i
ě ú p é n g y o u g ó
ü x u e s h ì t h c a
i ù d i à n s h ì à r
ú ó p o q i á n à ī g
ǒ z ì á m m í n g z i
```

Puzzle (120)

```
ū ǐ ù ó ǎ d i ǎ n á t
s h ì h ě n à h ò w ì
ō k q i á n é r z i f
b ò ō ā w ā a x i à ǎ
ū x ù p x ǒ ǒ ű ǎ h è
q ǐ n g è x i è x i e
g ā o x ì n g z x y h
ù y d i à n s h ì s ű
z ā ü t i ā n q ì w ó
t j h p é n g y o u g
n i n ǎ q g ǒ b ò ú a
```

Manufactured by Amazon.ca
Bolton, ON